کتاب کوله پشتی

D1667567

# VERSschmuggel

## Gedichte: deutsch, persisch

**MAX CZOLLEK**
ماکس چولک

**DANIELA DANZ**
دانیلا دانتس

**MICHAEL DONHAUSER**
میشائیل دونهاوزر

**JAN VOLKER RÖHNERT**
یان فولکر روهنرت

**SILKE SCHEUERMANN**
زیلکه شویرمن

**CHARLOTTE WARSEN**
شارلوته وارزن

Herausgegeben von
به کوشش

Ein Projekt des
پروژه ای از

Wunderhorn

# قاچاق شعر

## شعر آلمانی، فارسی

**ALIREZA ABBASI**
علیرضا عباسی

**ALI ABDOLLAHI**
علی عبداللهی

**SARA MOHAMMADI ARDEHALI**
سارا محمدی اردهالی

**MARYAM FATHI**
مریم فتحی

**MAZAHER SHAHAMAT**
مظاهر شهامت

**IRAJ ZIAEI**
ایرج ضیایی

Aurélie Maurin
Thomas Wohlfahrt

Haus für Poesie

کتاب کوله پشتی

| | INTERLINEARÜBERSETZUNGEN |
|---|---|
| ترجمه ی اولیه شعرها | |
| فرهاد احمدخان | Farhad Ahmadkhan |
| علی عبداللهی | Ali Abdollahi |

| | SPRACHMITTLERINNEN |
|---|---|
| مترجمان شفاهی | |
| پرویز | Parviz |
| علی عبداللهی | Ali Abdollahi |
| شهروز رشید | Shahrouz Rashid |
| ثریا آدمبکان | Soraya Adambakan |
| فرهاد احمدخان | Farhad Ahmadkhan |
| علیرضا شلویری | Alireza Shalviri |

## SCHMUGGLERGRUSS

Seit inzwischen mehr als 15 Jahren erscheinen regelmäßig neue Bände in der Reihe VERSschmuggel, ihnen voraus ging stets ein mehrtägiger Workshop mit DichterInnen aus dem deutschen und einem wechselnden anderen Sprachraum. VERSschmuggel bezeichnet dabei zunächst die Methodik des Übersetzens: Ohne die Sprache des jeweiligen Gegenübers sprechen oder verstehen zu können, übertragen sich die TeilnehmerInnen gegenseitig auf der Grundlage von vorab angefertigten Wort-für-Wort-Übersetzungen. Mithilfe dieses Ausgangsmaterials und Dolmetscher-Innen, die während des Workshops sozusagen zwischen den DichterInnen agiert, wird es den Beteiligten möglich, sich außerdem jene Geschichten zu erzählen, die hinter den Worten des Gedichts verborgen sind. Denn neben der Bedeutung eines Gedichts muss zugleich auch immer das von einer Sprache in die andere geschmuggelt werden, woraus das Gedicht gemacht ist: Klänge, Rhythmen und der gesellschaftliche, kulturelle wie indivi-duelle Kontext, zu dem es sich verhält. Jede rein linguistisch vorgehende Übersetzung ist angesichts der Komplexität und inneren Verwobenheit eines Gedichts a priori zum Scheitern verurteilt, da vieles neu erfunden und geschöpft werden muss, um in der jeweils anderen Sprache wiederum ein gutes Gedicht entstehen zu lassen. Eine gute Übersetzung liegt immer dann vor, wenn sie in Form und Inhalt dem Original so nah wie möglich kommt – und gerade dafür ist größtmögliche Freiheit erforderlich, eine Freiheit, die sich die übersetzenden DichterInnen gegenseitig gewähren, indem die einen autorisieren, was die anderen ihnen vorschlagen. Die Au-torInnen sind an der Übertragung ihrer Gedichte also fortwährend beteiligt und können sich zugleich auch in der anderen Sprache erleben: Das Eigene wird so in fremde Verse geschmuggelt und vice versa.

Auch die AutorInnen dieses Bandes waren sich einig darin, dass es beim Übersetzen immer um die Übertragung des Kompositionsprinzips gehen muss: nicht einzelne Worte oder Zutaten, sondern die ganze Zubereitungs-kunst. Viele DichterInnen verstehen diese Art von Übersetzung zudem als eine Art Fortschreibung im Sinne der eigenen Poetik. In jeder Konstellation haben die DichterInnen ihren jeweils eigenen Ton eingebracht und die Zu-sammenkunft der Stimmen gibt dem Originalgedicht ein oftmals überra-schendes Echo.

## درودی ز یاران قاچاق شعر!

بیشتر از 15 سال است که پیوسته دفترهای تازه ای از مجموعه ی قاچاق شعر منتشر می شود، و تمام این دفترها برآیند کارگاههای چند روزه ای است که از یک طرف ثابتش همیشه شاعران آلمانی زبان هستند و طرف دیگرش، شاعرانی از سایر حوزه های زبانی. باری، در اینجا مراد از قاچاق شعر، عجالتاً روشی خاص در ترجمه ی شعر است، از این قرار: شرکت کنندگان در کارگاهها، بی آنکه زبان همدیگر را بدانند و به آن سخن بگویند یا آن را بفهمند، متقابلاً بر مبنای برگردانهای اولیه و تا حدی مفهومی که پیشتر به دو زبان انجام گرفته، شعر هم را ترجمه می کنند. به یاری همین مواد اولیه و البته با حضور یک مترجم شفاهی مسلط به دو زبان، که هنگام کار اصطلاحاً چهارچشمی هر دو را می پاید، شاعران شرکت کننده امکان می یابند از ماجراهای نهفته در پشت و پسله های کلام شعر خود بگویند. زیرا همواره در کنار معنای هر شعر، همزمان باید عناصر دیگری از هر زبان نیز به زبان دیگر قاچاق شوند، چیزهایی از قبیل: آواها، ایماها، ریتمها و بافتار اجتماعی، فرهنگی و فردی تنیده در دل هر شعر،ِ برگردان صرفاً زبانشناختی و کلامی، به خاطر پیچیدگی و درهم تنیدگی درونی عناصر شعر، پیشاپیش محکوم به ناکامی است. چون بایستی خیلی چیزها را از نو برساخت و بازآفرید، تا دوباره امکان شکل گیری شعری خوب در زبانی دیگر فراهم شود. ترجمه ی خوب همیشه در گرو این است که شکل و درونمایه یا فرم و محتوا، تا حد ممکن به هم نزدیک شوند- و درست برای همین منظور، برخورداری از بیشترین آزادی ممکن یکی از ملزومات آن است، آزادی یی از آن دست که شاعران برگرداننده، هر یک با پیشنهادهای طرف مقابل به دست می آورد و سپس شکل پرداخت شده ای به آنها می دهد. بدین گونه، شاعران پیوسته در روند برگردان شعر خود مشارکت فعال دارند و همزمان می توانند در چیزهایی از زبان دیگر هم سهیم شوند و خود را در آن بیابند: داشته ی خود آنها بدین گونه به شعر بیگانه قاچاق می شود و بلعکس.

طبعاً شاعران این دفتر، جملگی در این مورد همصدا بودند که در برگردان شعر، همواره باید انتقال کمپوزیسیون یا ترکیب کلی اثر مدنظر باشد، نه برگردان صرف تک تک واژگان یا سایر اجزای شعر، بلکه بازسازی کلیت هنر ترکیب-بندی. درک بسیاری از شاعران از چنین ترجمه ای همانا گونه ای بازآفرینی یا بازنویسی بوطیقای شعرشان است. شاعران، آوای خاص خود را در هر مجموعه ی ساختمند، می نشانند و همنشینی آواها، اغلب اوقات به شعر اصلی بازتابی شگفت انگیز می بخشد.

تمام مجلدات مجموعه ی قاچاق شعر، طبق معمول با مشارکت دو انتشاراتی چاپ می شود. پای ثابت چاپ هر مجموعه در آلمان، نشر وُندرنهورن(شیپیورمعجزه گر!) است، و طرف دیگر، بسته به هر حوزه ی زبانی در هر مجلد، تغییر می کند که در اینجا همتای ایرانی ما، کتاب کوله پشتی است.

ایران امروز کشوری است در آستانه ی دگرگونی های زیباشناختی و اجتماعی. در این سرزمین، همواره شعر نقش ارزنده ای ایفا می کرده: ایرانیان اثر حماسی-رزمی شاهنامه

Die Bände der VERSschmuggel-Reihe erscheinen stets in zwei Verlagen: für den deutschsprachigen Raum im Verlag Das Wunderhorn und in einem weiteren Verlag des jeweiligen Sprachraums, diesmal im Teheraner Verlag Koolehposhti.

Der Iran heute ist ein Land, das im Wandel begriffen ist, ästhetisch wie auch gesellschaftlich. Dichtung hat dort immer eine große Rolle gespielt: Bis heute werden Firdousis Versepen genauso verehrt wie die formstrenge Diwanpoesie von Rumi; die Gedichte des Säulenheiligen Hafis können viele IranerInnen auswendig. Parallel dazu entstand eine zeitgenössische Poesie, die sich durch Experimentierfreude und Entdeckungslust auszeichnet.

Ali Abdollahi, selbst Dichter und Übersetzer deutscher Lyrik ins Persische, verfasste eigens für den vorliegenden Band einen lesenswerten Essay über die Verschränkungen und Unterschiede zwischen deutscher und iranischer Poesielandschaft.

Um die beschriebene Vielfalt iranischer Dichtung auch in Deutschland bekannt zu machen und gleichzeitig den Faden des Einander-Kennenlernens wieder aufzunehmen, lud das Haus für Poesie im Herbst 2016 sechs iranische DichterInnen und sechs deutschsprachige KollegInnen nach Berlin ein. Die Ergebnisse dieser Begegnung sind nun in diesem Buch vereint. Die Lektüre kann zwischen Original und Übersetzung, zwischen eigener und fremder Poetik, zwischen Sprachen und Sprachwelten hin und her wechseln. Ergänzt werden die Gedichte durch kurze Essays der DichterInnen, die einen Einblick in ihre Werkstatt und den fröhlichen wie intensiven Arbeitsprozess gewähren.

Den poetischen Dialog kann noch besser nachvollziehen, wer die eigene Lektüre durch paralleles Hören vervollkommnet. Über die gedruckten QR-Codes und mithilfe eines Mobiltelefons oder Tablets können die Stimmen der DichterInnen zugeschaltet werden, sodass sich der private Lese- zu einem Konzertraum erweitern lässt. Schon immer war die menschliche Stimme das Instrument des Gedichts, das dem notierten Text gewissermaßen einen Körper gibt.

Selbstverständlich sind die poetischen Landschaften des Irans und Deutschlands umfassender als sie in einer Anthologie wie dieser abgebildet werden könnten. Vielmehr sind der VERSschmuggel und das Aufeinandertreffen von DichterInnen aus beiden Ländern ein Anfang, dem

ی فردوسی را، درست همپای غزلیات آهنگین و مستحکم مولوی ارج می نهند، و بسیاری از ایرانیان (فارسی زبانان)، غزلهای حافظ قدسی را در حافظه ی خود دارند. به موازات ادبیات کهن، شعر معاصر ایران نیز نشو و نما یافته، که شعری است به غایت تجربه- جو، و در سودای کشف ناشناخته ها.

علی عبداللهی، شاعر و مترجم شعر آلمانی به فارسی، خود نیز جستاری خواندنی مخصوص همین دفتر در باب پیوندها و درهم تنیدگی ها، و نیز تمایزها و تفاوتهای چشم انداز شعر آلمانی و فارسی تدوین کرد.

خانه شعر برلین، برای آشنا کردن دوباره ی آلمانیها با گوناگونی و تنوع شعر ایران و نیز همزمان بازگشودن دریچه ای برای شناخت هرچه بیشتر همدیگر، در پاییز 1395 شش شاعر ایرانی و شش شاعر آلمانی زبان را به شهر برلین دعوت کرد. نتایج این دیدار اکنون در این کتاب فراهم آمده. خوانشهای هر مخاطب، میان متن اصلی و ترجمه، میان بوطیقای آشنا و بیگانه، میان دو زبان و دو جهان زبانی، مدام جاعوض می کنند. به پیوست اشعار هر شاعر، نوشته ی کوتاهی از وی نیز آمده، واگوی دیدگاه و تجربه اش از کار گروهی و نیز بیانگر فرآیند کار فشرده و در عین حال فرح انگیز.

گفت و گوی شاعرانه و خوانش های مختلف هر مخاطب، از رهگذر شنیدن همزمان اشعار کامل تر می شود. مخاطب از طریق رمزینه یا کد کیوآر چاپ شده در هر بخش و به کمک تلفن همراه هوشمند یا تبلت، می تواند صدای هر شاعر را نیز بشنود؛ این امکان، زمینه ی گسترش خوانش شخصی هر شاعر را، تا حد فضای یک کنسرت فراهم می کند. بی گمان آوای آدمیزاد، همواره ساز-ابزار شعر بوده است، و در صورتی که بخواهیم، در اینجا نیز، می تواند آوای شعرها، به متن مکتوب، کالبدی جسمانی ببخشد.

بدیهی است که چشم اندازهای شعری ایران و آلمان، بسیار گسترده تر و فراختر از آن چیزی است که از آن در این جنگ واتاب یافته است. بی تردید قاچاق شعر و دیدار متقابل شاعران دو سرزمین، تنها آغاز راه است، که باید، چه در ایران و چه در آلمان، دیدارهای بعدی را نیز در پی داشته باشد.

در اینجا صمیمانه از فرهاد شوقی، شاعر ایرانی تبار آلمانی سرا، سپاسگزاریم که در انتخاب افراد کمک بزرگی به ما کرد. همچنین مایلیم در اینجا قلباً از تمام مترجمان کتبی و شفاهی سپاسگزاری کنیم که بی یاری آنها به هیچ کدام از موفقیتهای کنونی دست نمی یافتیم، سپاس ویژه از علی عبداللهی، که درمرحله ی اول، تمام اشعار آلمانی این دفتر را به فارسی برگرداند. وانگهی وی در تمام مراحل قاچاق شعر، در تمام نقشهای ممکن این کار ظاهر شد: در نقش شاعر، در نقش مترجم کتبی و شفاهی و در نقش راهنما.همچنین از تمام کسانی که در مراحل مختلف، مستقیم یا غیرمستقیم، برای تحقق این پروژه ی منحصر به فرد، یاریگرمان بودند، بی نهایت سپاسگزاریم: از پتر دیتسه بابت همکاریش در اجرای پروژه؛ از میشائیل مشنر و همچنین از هایکو اشترونک، برای ضبط و ثبت صداها، که در استودیوی سایت شعری لوریکلاین انجام گرفت و تدوین و آماده سازی شد.

آرزومندیم تمام خوانندگان و شنوندگان در ایران و آلمان از این سفر آوا و معنا بر

weitere Begegnungen folgen sollen, sowohl im Iran als auch in Deutschland. Herzlich bedanken wir uns bei Farhad Showgi, der uns beim Kuratieren eine sehr große Hilfe gewesen ist. Wir möchten uns auch sehr herzlich bei allen ÜbersetzerInnen und DolmetscherInnen bedanken, ohne deren Kompetenz nichts hätte gelingen können, insbesondere bei Ali Abdollahi, der sämtliche deutsche Gedichte ins Persische interlinearübersetzt hat. Somit ist Ali Abollahi in allen möglichen Schmuggelfunktionen aufgetreten: als Dichter, Sprachmittler und Übersetzer. Ebenso danken wir allen, die beratend oder unmittelbar an der Realisierung dieses einzigartigen Projekts mitgewirkt haben; unser Dank gilt Peter Dietze für seine Arbeit bei der Durchführung des Projekts; Michael Mechner sowie Heiko Strunk für die Tonaufnahmen, die im Lyrikline-Studio entstanden und bearbeitet worden sind.

Allen LeserInnen und HörerInnen im Iran und in Deutschland wünschen wir viel Vergnügen bei dieser Klang- und Bedeutungsreise über Sprachgrenzen hinweg. Übersetzen heißt, über die eigenen Grenzen hinausgehen. DichterInnen und LeserInnen in beiden Ländern und Sprachräumen kommen sich dadurch näher.

Aurélie Maurin und Thomas Wohlfahrt
April 2017

فراز مرزهای زبانی، حظ وافر ببرند. ترجمه، یعنی فرارفتن از مرزهای خود. و شاعران و شعرخوانان هر دو سرزمین و هر دو حوزه ی زبانی، با ترجمه ی آثارشان، به هم نزدیکتر می شوند.

آوره لی مورن و توماس وُلفارت
آوریل ۲۰۱۷
اردیبهشت ۱۳۹۶

## VORWORT

*Singe die Gärten, mein Herz, die du nicht kennst; wie in Glas*
*eingegossene Gärten, klar, unerreichbar.*
*Wasser und Rosen von Isfahan oder Schiras,*
*singe sie selig, preise sie, keinem vergleichbar.*

Rainer Maria Rilke: Die Sonette an Orpheus, II, 11

Zwölf DichterInnen aus zwei Sprachen treffen in diesem Band aufein-
ander: sechs persischsprachige DichterInnen aus dem Herzen einer tau-
sendzweihundert Jahre alten Tradition, zugleich Erben einer beneidens-
werten klassischen Literatur, sowie sechs deutschsprachige DichterInnen
aus dem Herzen einer deutlich jüngeren, wenngleich nicht weniger glanz-
vollen Literaturtradition, vor allem im neunzehnten und zwanzigsten
Jahrhundert. Zweifelsohne die süße Frucht der Aufklärung!

Diese beiden Traditionen, die sich weit voneinander entfernt formiert
haben, verfügen über eine unwiderlegbare sprachliche Verwandtschaft
und sind bereits zweimal aufeinandergetroffen:

Die erste Begegnung ereignete sich Mitte des sechzehnten Jahrhun-
derts zu Zeiten der Safawiden-Dynastie im Iran: Auf die Übertragung
von Saadis *Golestān* durch Adam Olearius folgte die Übersetzung des
Hafis-Diwans durch Joseph von Hammer-Purgstall sowie Übersetzungen
von Rumis *Ghaselen*, Nezamis Vers-Epos und Ferdousis *Schāhnāme* durch
Friedrich Rückert sowie die deutsche Fassung von Khayams Vierzeilern
durch mehrere andere Übersetzer. Den Ertrag dieser Begegnungen ist in
den Werken der Aufklärung zu finden, etwa bei Lessing und später bei
Goethe, Herder, Rückert, von Platen, Heine und den deutschen Roman-
tikern. Über die durch die griechisch-römische Antike vermittelte Pers-
pektive hinausgehend, weitete die Literatur des Orients damals den Blick-
winkel der europäischen und deutschen Dichtung auf den Orient.

Zu einem zweiten Aufeinandertreffen beider Traditionen kam es
schließlich im späten neunzehnten Jahrhundert: Im Zuge der Forde-
rungen nach sozialem Wandel und Freiheit im Iran der Konstitutionsära,
suchte auch die iranische Literatur, die bis zu jenem Zeitpunkt um philo-
sophische Weisheiten, Romantik und Mystik sowie politisch-historische
Themen kreiste, nach neuen Formen und Motiven – und fand diese mit-

## پیشگفتار

دلا، از باغها بنوار، از باغهای ناشناس
از باغستانهای بلورینِ روشنِ دست نایافتنی
از آبها و سرخگل های اصفهان یا شیران،
دلا، بانگ ستایش بی بدیل شان را سرکن.
ریلکه، سونتهایی برای اورفئوس،از" سوگسروده های دوئینو"،
ترجمه علی عبداللهی، ص۱۴۲ .

دوازده شاعر از دو زبان، از دل دو سنت شعری ریشه دار و پرآوازه در این کتاب به دیدار
هم آمده اند. شش شاعر فارسی زبان از دل سنتی کهن با ریشه های هزارودویست ساله، و
میراث دار ادبیات کلاسیک رشک انگیز؛ و شش شاعر آلمانی زبان البته از دل سنتی جوانتر،
ولی با ادبیاتی پرافتخار در سده های نوزدهم و بیستم که بی گمان از میوه های شیرین
روشنگری است. این دو سنت شعری که به ظاهر از نظر جغرافیایی در اقلیمهای دور از
هم شکل گرفته اند، صرف نظر از خویشاوندی های زبانی انکارناپذیرشان، پیشتر دو دیدار
دوران ساز و خلاقه با هم داشته اند. دیدار نخست در اواخر سده ی شانزدهم - مقارن با
دوران صفویه در ایران- با ترجمه ی گلستان سعدی به قلم آدام اولئاریوس و بعد دیوان حافظ
به قلم هامرپورگشتال و غزلیات مولوی و منظومه های غنایی نظامی، شاهنامه ی فردوسی
و... به قلم فریدریش روکرت و رباعیات خیام به قلم چند مترجم دیگر روی داد و ثمره ی آن
را می توان در آثار شاعران اصحاب روشنگری همانند لسینگ و سپس در آثار گوته، هردر،
روکرت، آگوست فون پلاتن، هاینریش هاینه و به ویژه در آثار رمانتیکهای آلمانی، به وضوح دید.
آن زمان، ادبیات جادویی شرق و از جمله ایران پهنه ی تماشای شاعران اروپایی و آلمانی را
گسترده تر کرد و به آن یاری رساند تا از چشم اندازی فراخ تر از اسطوره ها و سنن ادبی
یونان و رم باستان، به جهان نور و گرمای شرق نیز بنگرند و از آن توشه برگیرند.
اما دیدار دوم این دو سنت شعری، در اواخر قرن نوزدهم روی داد: در پی دگرگونی خواهی
عصر مشروطه و موج خواست تغییرات اجتماعی و آزادی خواهی در ایران. ادبیات فارسی که
تا آن زمان آینه ی تمام نمای فلسفه، حکمت، عشق، عرفان، رمانس، حماسه و بزم و رزم بود،
و کمتر صبغه ی اجتماعی به معنای امروزین آن داشت، از آن زمان، دریچه و چشم اندازی
تازه می خواست که این بار، پس از آن دیدار، اندیشه های اجتماعی نوین از غرب به ویژه از
حوزه ی زبان فرانسه، روسی و آلمانی به یاری اش شتافت، درامهای اجتماعی شیللر،آثار نیچه،
مارکس و فروید؛ آثار برشت، ریلکه، کافکا، تسوایگ، توماس مان، سلان، تراکل و...از حوزه ی
زبان آلمانی، چشم شاعران ایرانی را به عرصه های تازه تری از بیان و مضمون و درونمایه
های ادبی گشود و شعر مدرن با پشتوانه ی سنت کهن و دستاوردهای ادبیات نوین اروپا در
زبان فارسی شکل گرفت و از آن پس به گونه ای شتابناک نشو و نما یافت.
اکنون، در زمانه ی جهانی شدن، تاثیرپذیری و تاثیرگذاری آثار ادبی و نویسندگان بر همدیگر،
در سرتاسر جهان به گونه ای همزمان روی می دهد، دیگر تقدم و تأخر و توالی های خطی

hilfe der neuen sozialen Ideen aus dem Westen, insbesondere dem französischen, russischen und deutschen Raum.

Die sozialen Dramen Schillers, später Werke von Nietzsche, Marx, Freud, Brecht, Rilke, Kafka, Zweig, Mann, Celan und Trakl schärften den Blick der iranischen DichterInnen für neue Ausdrucksformen und literarische Themen; es entstand und gedieh eine neue persische Dichtung, die sich gleichermaßen aus ihrer Tradition wie auch der europäischen Moderne speiste.

Gegenwärtig, im Zeitalter der Globalisierung, vollziehen sich die Wechselwirkungen zwischen literarischen Werken und SchriftstellerInnen in der ganzen Welt nahezu gleichzeitig, sodass die früheren zeitlichen Abfolgen verschwunden zu sein scheinen. So kann es durchaus sein, dass eine Dichterin, die in Berlin den Stift aufs Papier setzt, zugleich an eine Dichterin in Teheran denkt und etwas von ihr lernt. Auch genau das Gegenteil kann der Fall sein und zwar, dass ein Dichter in Tabriz beim Schreiben an einen Dichter in Frankfurt denkt und etwas von seiner Sichtweise übernimmt.

Nun hat sich in diesem Buch etwas Ähnliches ereignet: Zwölf DichterInnen, zwölf verschiedene Stimmen entschieden sich, mithilfe von SprachmittlerInnen ihre Gedichte gegenseitig zu übersetzen, oder besser: vom einen zum anderen zu schmuggeln.

Ja, Sie haben richtig gehört! VERSschmuggel! Schmuggeln ist heute ein bekanntes Phänomen für die Menschen überall auf der Welt, insbesondere für uns IranerInnen. Nicht nur der Schmuggel von Drogen, sondern auch der von chinesischem Kram, amerikanischen Zigaretten, koreanischen Handys, gebrauchten japanischen Heizgeräten, Menschen, seltenen Vögeln und sogar der Schmuggel von iranischer Erde in die Emirate im Süden des Persischen Golfs oder der Schmuggel von Elfenbein und dutzenden anderen Dingen über Land, See und Luft in mein Land, in Ihr Land und überallhin. Aber hier schmuggeln DichterInnen am helllichten Tage ein fremdes Gedicht in ihre Poesietradition und geben sich als ÜbersetzerInnen eines Gedichts aus, mithilfe und in Versuchung gebracht durch Dritte! Der Unterschied besteht nur darin, dass in diesem Fall alles auf Gegenseitigkeit beruht. Du kannst Sprachspiele schmuggeln sowie Trauer, Freude, Protest, Liebe und sogar Schweigen! Aber auch dein Mitbringsel wird dabei geschmuggelt!

پیشین از میان رفته، و چه بسا شاعری که امروز در برلین قلم بر کاغذ می‌گذارد، در همان لحظه، به شاعری در تهران بیندیشد و از وی چیزی بیاموزد و درست عکس این قضیه نیز صادق است: شاعری در تبریز، هنگام نوشتن، به شاعری در فرانکفورت فکر می کند و چیزی از نگاه او برمی گیرد. اکنون، و در این کتاب، رویدادی از این دست شکل گرفته، یا می خواهد شکل بگیرد؛ دوازده شاعر، دوازده صدای گوناگون، با حضور شخص سومی نشسته میان دو صندلی، به شیوه ای که در همین کتاب آمده و از تکرارش می گذرم، به جد تصمیم گرفتند شعر همدیگر را ترجمه و البته قاچاق کنند! بله، درست شنیدید، قاچاق شعر! قاچاق، کنشی آشناست برای امروزیان در هر کجای عالم، به ویژه برای ما ایرانیان که البته فقط در مورد مواد مخدر صدق نمی کند: قاچاق خرت و پرتهای چینی، سیگار آمریکایی، موبایلهای کره ای، بخاری های نیمدار ژاپنی به ایران؛ قاچاق انسان، پرندگان نایاب و حتی خاک به به شیخ نشینهای جنوب خلیج فارس از اینجا، قاچاق عاج فیل و دهها چیز دیگر از مرزهای زمینی، دریایی و هوایی به سرزمین ما و شما و همه جا، از اینجا به آنجا و از آنجا به اینجا. اما اکنون، شاعری، در روز روشن دارد شعر شاعر دیگری را به درون سنت شعری خود قاچاق می کند و بی آنکه قانوناً خود مترجم باشد با مباشرت و وسوسه ی شخص ثالثی، شعری را به نام خود ترجمه می کند. اما تفاوت ماجرا در این است که روند حاضر، کنشی دوسویه است: تو همزمان چیزی می بری و چیزی می آوری! قاچاق تجربه می کنی، قاچاق دستکارهای زبانی حامل اندوه، شادی، اعتراض، عشق و حتی سکوت! و در این میان، آورده ی تو نیز قاچاق می شود!

ایران سرزمین شعر و قالی و شهود است، و آلمان سرزمین فلسفه و صنعت و عقلانیت! می دانم و می دانیم که کلی‌ی گویی هایی از این دست، خالی از پیشداوری نیست، ولی چه بسا بی بهره از حقیقت هم نباشد. اگر چنین پیش فرضی را موقتاً بپذیریم، برای شعر مدرن فارسی که صد و اندی سال است تمرین عینی نگری و اجتماعی شدن می کند و می کوشد آرام آرام خرد انتقادی را بیاموزد؛ تجربه ی شاعران جوان آلمانی زبان، از جمله شش شاعر این دفتر، می تواند سخت راهگشا باشد و از آن سو، برای ادبیات آلمانی زبان، در هنگامه ی دلزدگی از خرد ابزاری که جویای فضاهای تازه ی تخیل شهودی است، و در پی دشتهای فراخ رمانس و نیز اندکی گرما و شور، تماشای شاعرانه ی شش شاعر این دفتر، چه بسا غنیمتی باشد در نوع خود کمیاب.

در ضمن جادارد این را هم بیفزایم که قاچاق شعر، بر خلاف قاچاق اقلام دیگر، نه فقط باعث کاهش تولید بومی و کسادی بازار شعر و شکر نمی شود، بلکه حتی بر کیفیت فراورده های بومی می افزاید و به شعردوستان، نگریستن نو و دیگرگون می آموزد، و گفت و گویی میان دو زبان برمی انگیزد، و تازه اینها که برشمردم، کمترین سودش است.

شعر امروز ایران، طبعاً گرایشهای زبانی -مضمونی-فرمی و شیوه های بیانی بسیار متنوعی دارد و شش شاعر ایرانی این دفتر نیز، هر چند با فردیتهای گوناگون خود واگوی تمام صداها نیستند، ولی در عین اینکه هر یک فی نفسه صدایی است مستقل، رویهم بخشی از روند سرایش امروزش را نشان می دهند: شعر اجتماعی، فلسفی، زبانی،عینیت گرا، تخیل-محور و نوشتار پویای زنانه. این شاعران، از جای جای ایران آمده اند، هر یک زاده ی

Iran ist das Land der Poesie, der Teppiche und der Intuition; und Deutschland das Land der Philosophie, Industrie und Rationalität! Ich weiß und wir wissen ja, dass Verallgemeinerungen solcher Art bestimmt nicht frei von Vorurteilen sind, doch sie können auch ein Fünkchen Wahrheit in sich tragen.

Davon ausgehend könnten die Erfahrungen von deutschsprachigen DichterInnen wegweisend sein für die Erneuerung der persischen Poesie, die sich seit über hundert Jahren in objektiver Darstellung und der Bearbeitung sozialer Themen übt und dabei erst allmählich den Einsatz der kritischen Vernunft erlernt. Andersherum könnte die Betrachtung der Poesie dieser sechs iranischen DichterInnen in einer Zeit der Ernüchterung von instrumenteller Vernunft und der Suche nach neuen Räumen der intuitiven Fantasie sowie nach weiten Ebenen der Romantik und ein wenig Wärme wie eine seltene Trophäe sein für die deutschsprachige Dichtung.

Ich möchte hinzufügen: der VERSschmuggel ist eine große Chance für die Weiterentwicklung der Poesie und der Poetiken, ermöglicht den Lyrikinteressierten das Neu- wie Umdenken und regt außerdem einen (hoffentlich) fruchtbaren Dialog zwischen den beiden Sprachen an. Punkte, die ich hier aufgezählt habe, sind gerade die kleinsten Gewinne aus diesem Schmuggel.

Die iranische Gegenwartslyrik hat natürlich vielfältige sprachliche, inhaltliche, formelle Tendenzen. Die sechs iranischen DichterInnen in diesem Buch können zwar nicht alle möglichen Stimmen wiedergeben, dennoch ist jede eine unabhängige wie individuelle Stimme für sich und repräsentiert jeweils einen Teil der heutigen iranischen Dichtung: soziale, philosophie, sprachliche, objekt- oder fantasieorientierte Poesie und die feministische Dichtung.

Auch die deutsche Gegenwartslyrik kann nicht in die Schublade eines bestimmten Stils, einer bestimmten Schule oder bestimmter Ismen gepresst werden. Die sechs deutschen LyrikerInnen repräsentieren ihrerseits wiederum die vielfältigen Tendenzen einer reichen Kultur.

An dieser Stelle möchte ich mich beim Haus für Poesie und dessen MitarbeiterInnen für die Realisierung dieser literarischen Begegnung bedanken und wünsche mir, dass dieses Projekt die Tore für weitere Dialoge und Begegnungen zu öffnen vermag, ganz im Sinne Hölderlins: „Wir

منطقه ای متفاوت است و سرانجام از میان دهها نام دیگر از سوی کارشناسان خانه ی شعر برلین انتخاب شده اند.

بدیهی است که شعر معاصر آلمانی زبان را نیز نمی توان در چارچوب سبک یا مکتب یا ایسم خاصی گنجاند. شش شاعر آلمانی این دفتر هم هر یک در عین داشتن صدای یگانه ی خود، واگوی بخشی از روند متنوع شعر در این حوزه ی غنی فرهنگی هستند. ضمن سپاس از خانه ی شعر برلین، به ویژه توماس ولفارت و سایر دست اندرکاران شکل گیری این دیدار ادبی، آرزومندیم برآیند جد و جهدهایی از این دست، دستکم باز شدن باب گفت و گوهای بعدی باشد، زیرا که به تعبیر هولدرلین "ما یک گفت و گوییم" و به اشارت نغز مولوی "ما برای وصل کردن آمدیم، نی برای فصل کردن آمدیم".

بهار ۱۳۹۶ علی عبداللهی

sind ein Dialog". Oder mit Jalaloddin Molawi, dem iranischen Dichter des 13. Jahrhunders und eher bekannt als Rumi, gesprochen: „Wir sind gekommen, um zu verbinden und nicht um zu trennen."

Ali Abdollahi
April 2017

علیرضا عباسی · دانیلا دانتس }

میانجی زبانی }
پرویز }

ALIREZA ABBASI · DANIELA DANZ

Sprachmittler
Parviz

(1)

Der Nahe Osten
vermischt sich als Blutgeruch
mit der Morgenbrise
bis die Luft grau wie ein Fluch ist
der Staub der Ruinen
liegt auf den Bäumen
bildet ewig Schwären auf ihrer Haut
die unfreundlichen Finger des Windes
verteilen den Geruch von Schießpulver
in die Nasen der Straßen und Plätze

Im Nahen Osten
sind die Augen des Krieges weit geöffnet
und er sieht
die flüchtenden Menschen
die vom Wind auseinandergetrieben werden
wie Löwenzahnschirme, die der Wind ihrer Heimat entreißt

Eine halb gestorbene Schönheit
in einem großen Bilderrahmen
mit Kleidern, die zur Hälfte in der Erde vergraben sind,
zur Hälfte im Wind wehen
der Schatten, der den Garten verdunkelt
ist das Trauerkleid der Heimat

In solchen Zeiten haben wir einander gefunden
in einem solchen Land
dessen Schönheit aufgerissen wurde
und mit dürstenden Lippen
mit schwärender Haut
sucht es sich weinend auf der Landkarte

۱.

خاورمیانه
چون بوی خون
با نسیم صبح می آمیزد
و چون نفرین
هوا را خاکستری می کند
گردی از ویرانه
بر درختان نشسته
تاولی ابدی بر پوست شان.
چندان مهربان نیست سرانگشت باد
بوی باروت را برداشته
می پراکند در مشام خیابان ها/ میدان ها.
در خاورمیانه
چشم های جنگ باز است
در چشم های جنگ آدم ها می دوند
آدم ها را باد می برد
همچون قاصدک هایی که باد وطن هایشان را

زیباییِ نیمه جان
در قابی بزرگ
دامن های نیمی مانده در خاک،
نیمی رها در باد

سایه ای که باغچه را پوشانده
پیراهن عزایی ست که وطن به تن دارد.
ما در چنین روزهایی یکدیگر را پیدا کردیم
در چنین سرزمینی
وقتی زیبایی بر پوستش ترک خورده بود
و با عطشی بر لب
و تاولی بر پوست
پی خودش در نقشه می گریست.

(2)

Wie sehr sind die Wundmale der Schlinge
und das von der Gewehrkugel erschaffene Rot
in dir verworren, Sprache,
dass du dich in die Wunden der Kehle zurückgezogen hast

Das Blau
das Grün hast du befleckt
versehrte Sprache
so heftig sind deine Verletzungen, dass sie das Weiß verfärben
schon von Anbeginn des Wortes in der Kehle
und am Anfang war das Wort
du auf den Schlachtfeldern im Blut der vergeblichen Gefühle
                                        ertrunkene Sprache
nirgendwo sonst konnten sie ihre Wut auslassen als an dir
nur dich konnten sie malträtieren
du gespaltene, in der das Blut der Zeitläufte fließt
das von Anbeginn auf den Stein tropft, auf die Pflanze

Unsere Väter haben uns gewarnt vor den schweren Zeiten, die kommen
doch wir sehen in dieser sorgenvollen, unruhigen Zeit
untätig auf dein Vergehen und Zerrinnen

۲.

چقدر کبودی بر طناب
سرخیِ معنا از گلوله
گره در تو خورده
ای فرو رفته در جراحت های حلقوم

پاشیده روی آبی
روی سبز
زبانِ جریحه دار!
که جراحتت را پاشیده ای به سپیدی
به حلق کلمه از آغاز
ای مانده در خونِ احساساتِ عمل نکرده
در میدان ها
آنها خشم شان را فرو نمی برند به جای دیگری
جز فرو بستن تو
ای شکافنده/ خونِ گذر در توست
خونِ از آغاز چکیده بر سنگ و گیاه

پدران مان گفته بودند  سراز دردهای بزرگی درمی آوریم
و ما در آن لحظات تشویش و اضطراب
تنها به گردش تو
به جاری بودنت در معابر چشم دوخته ایم.

(3)

Aufgebrochen ist es
hetzt die Metrotreppen
hinauf und hinab
springt aus dem einen Herzen
in ein anderes
auf der belebten Straße
an einer Ecke des Gehsteigs
springt es von einer Fußspur
zur anderen
die die vorige auslöscht
bis sie selbst ausgelöscht wird

Lichter, die grün zu blinken scheinen
sind im Grunde rot und halten die Schmerzen nicht auf
die aufgebrochen sind und die Straßen entlang ziehen

۳.

راه افتاده اند
از پله های مترو
بالا / پایین می روند
سرایت می کنند از قلب
به قلب
در خیابانی شلوغ
گوشه ای از پیاده رو
از جای پایی
به جای پایی
که محو می کند دیگری را
محو می شود در دیگری

قرمز است ته چشم چراغ هایی که سبزمی شوند
اما راه می دهند به این همه
درد های مشترک
که بیرون زده اند
راه افتاده اند با خیابان ها

(5)

Staub
auf dem Tisch, auf dem Glas
auf der Stirn
die Angst geht vorüber
Partikel, die über den Dingen schweben
im Licht und Dunkel verteilt
die Zeit zermalmt sich selbst
unter ihren Füßen
und verwischt ihre Spuren
diese schwebenden Zeichen haben die Einsamkeit großgemacht
sodass sie immer wieder kommt in unserem ständigen Kommen
und Gehen
dass sie in unserem ständigen Schlafen schläft

Überall in den Gassen und Straßen
überall in der Stadt
streift das wandernde Wesen der Dinge unsere Gesichter
gräbt eine neue Furche auf unsere Stirn
und wir fragen uns, wo wir unsere Anteilnahme verloren haben
zu schnell haben wir aufgegeben
zu viel Zeit vertan
um dieses im Spiegel gaukelnde Ding zu verstehen

Verlorene Chancen
die sich in unserem sedierten Inneren abgesetzt haben
im Licht und Dunkel verteilt
kurzzeitige verlorene Chancen, die die Zeit anfüllen
und niemand denkt an das Wasser, das seicht geworden ist
niemand denkt an die Einsamkeit, die wie eine Wasserleiche
die Worte überdeckt
und die Bilder

٥.

غبار
روی میز، روی لیوان
بر پیشانی
ذره ها، معلق روی اشیاء
پراکنده در نور/ تاریکی
ترس در حال عبور است.
زمان زیر پای خودش
خودش را می جود
و نشانه ها از دست می روند
نشانه های غوطه ور تنهایی را گسترش داده اند
که بیاید در رفت و آمدهای مکرر رفت و آمد کند
در خواب های مکرر بخوابد

هرجای کوچه / خیابان
همه جای شهر
روح سرگردان ِ اشیا به صورت مان می خورند
روی شیار دیگری بر پیشانی
بعد از خودمان می پرسیم علایق مان را کجا از دست داده ایم
و به سرعت از جستجو دست بر می داریم
برای فهمیدن چیزی غوطه ور درآینه
زمان زیادی را از دست داده ایم
فرصت های متلاشی
ته نشین، ته مسکن ها
پراکنده در نور /تاریکی
فرصت های کوتاه، از دست رفته، زمان را اشغال کرده اند
و کسی به آب که کم عمق تر شده  فکر نمی کند
به چیزی شناورکه مثل جسدی پف کرده آمده روی آب
روی کلمات
روی تصاویر را گرفته

Autos rasen vorbei, Menschen hasten vorüber
durch die Äste hindurch scheint etwas:
die an uns vorübergehende Angst
Wind kommt auf und fegt die Spuren weg
doch uns scheint es, als hörten wir ein Pferd nahen
das uns die Weite wiederbringt

ماشین ها به سرعت
آدم ها
چیزی از میان شاخه ها
ترس در حال عبور است
باد برای بردن نشانه ها می آید
ما تصور می کنیم صدای پای اسبی را شنیده ایم
که دشت را به ما برمی گرداند.

{ دانیلا دانتس · علیرضا عباسی

{ میانجی زبانی
پرویز

{ DANIELA DANZ · ALIREZA ABBASI

{ Sprachmittler
  Parviz

## MASADA

wenn du dann stehst wo es still ist dass du
es merkst wenn das Denken aufhört und
das Hören anfängt wenn das Hören aufhört
und das Sehen anfängt wenn ein Vogel
fliegt wenn du als schwarzer Vogel gleitest
und schreist wenn du zu sprechen ansetzt
in der klaren Luft und von nichts sprechen
kannst als dem Licht so als wäre es das erste
Licht wenn du einen Schatten auf den Fels
wirfst und sagst mein Schatten bleibt
und der Fels vergeht wenn für jetzt wahr ist
das es gut ist den ganzen Einsatz zu wagen
kannst du die Wüste mit Namen nennen

ماسادا

وقتی سکوت ِ محض باشد و آنجا ایستاده باشی
می توانی لمسش کنی، زمانی که فکر کردن پایان گیرد
و شنیدن آغاز شود،
زمانی که شنیدن پایان گیرد و دیدن آغاز شود
وقتی ببینی پرنده ای را در پرواز
و تصور کنی خود را چون او سیاه و سبکبال
و جیغ بزنی که آماده ی حرف زدن شوی در هوای صاف
و از چیز دیگری نتوانی حرف بزنی مگر روشنایی
که گویی روشنایی نخستین است.
سایه ات روی صخره بیافتد
و با خود بگویی سایه ام می ماند و صخره از میان می رود.
وقتی  با تمام وجود به یقین رسیده باشی
می توانی صحرا را به نام بخوانی

## UND DU MEINE BLAUE
## UND DU MEINE GRAUE

winters am Fluss wo wir gehen
fliegen zwei Ringeltauben vom
Schiefer deiner Iris auf als eine
Feder fällt dein Schlaf auf dich
still und wolkenähnlich gehst
du hinüber: eine eigene Arbeit

wie ein Flußkiesel rollt
dein Schlaf über den Grund
dieser Winternacht

da du schläfst auf der seidenen
Haut deiner Wangen sind zu Stoff
die Träume geworden vergessen
stehe ich vor persischen Kacheln
des achtzehnten Jahrhunderts
und aus Vitrinen der würzige Duft
eines Krauts in den Bergen des
Hindukusch meine Unruhe perlt
am Kupfer deiner Gewissheit ab

## و تو اَبیِ من
## و تو خاکستریِ من

زمستان کنار رودخانه که می رویم
پرواز می کنند دو کفتر چاهی
از عنبیه ی تو.
به آرامیِ افتادن یک پر به خواب می روی
می گذری آرام و ابرگونه
: که مخصوص توست


همانند سنگی صیقل خورده در رودخانه،
خوابت می غلتد
در بسترِ شبِ زمستانی.
خوابیده ای و بر پوست ابریشمی گونه هایت
رویاهای من تحقق می یابند،
فرو رفته در افکار خود ایستاده ام
رو به روی کاشی های ایرانی قرن هیجدهم
و عطر خوش گیاهان در کوه های هندوکش را
از ویترین ها حس می کنم.
بی قراریِ من مرواریدوار می غلتد
بر مس یقینِ تو

## HAB ICH DIE WORTE

hab ich wie Schwalben die Worte
Bögen zu schlagen
zwischen Unsichtbarem und leicht zu sein
hab ich leicht zu sein
hab ich Schweres genug
zu wenig Schweres genug um es zu tragen
ich trage meine Schwalbe durch den Sommer
mit entzündeten Wirbeln
liegt sie auf meiner Schulter und staunt
hab ich traurig zu sein
hab ich Leichteres jemals getragen
als diese eigensinnige Schwalbe?

## دارم کلمات را

آیا کلمات را همچون پرستوها دارم
برای قوس زدن
سبک، میانِ نقاط نامرئی ؟
باید سبک باشم ؟!
آیا به اندازه‌ی کافی سنگین هستم
یا اندوه بسیار کمی برای کشیدن دارم ؟
من پرستوی بال شکسته‌ی خودم را می‌برم از دل تابستان
که روی شانه‌ی من قرار دارد
و حیرت زده است.
آیا باید غمگین باشم ؟
آیا تاکنون چیزی سبک تر از این پرستوی خودسر را
به دوش کشیده ام ؟

## IKON

Danilos betrübtes Gesicht als zum dritten Mal
seiner Hände Arbeit zunichte wird ich weiß nicht
was soll ich ihm raten kauf dir eine Katze Danilo
dann gehört dir nichts kannst du nichts verlieren

kauf dir Wodka und zeichne deiner Kuh damit
ein Kreuz auf die Stirn dann gibt sie dir morgens
Milch abends Milch dann wird deine Haut weiß
kannst du auch ohne Kleider im Schnee gehen

das Beste aber ist du tust nichts von alldem und
trägst dein Gesicht weiterhin als würde der Mensch
nur eines besitzen ich habe dich gesehen Danilo
auf einer Ikone in der Vorstadt von Kalusch

ich weiß daß du Flügel hast und mit den Engeln
ein Brettspiel wagst um das Glück deiner Kinder
wenn sie dir ein schönes Gesicht einreden wollen
stehst du auf und gehst in das Ikon deines Kummers

## شمایل

چهره ی گرفته ی دانیلو برای سومین بار که
کارهای دستی اش نابود می شود،
نمی دانم چه پیشنهادی به او بدهم؟
دانیلو برای خودت گریه ای بخر
آن وقت هیچ چیزاز تو نیست و چیزی را هم گم نمی کنی

برای خودت ودکا بخر و با آن گاوت را رنگ کن
یک صلیب روی پیشانی،
گاو صبحها به تو شیر می دهد،
غرویها شیر می دهد، پوست ات سفید می شود
و می توانی بی لباس هم در برف راه بروی

بهترین کار اما این است که هیچکدام از این کارها را نکنی
و صورت خودت را داشته باشی،
طوری که انگارآدم فقط یک صورت دارد
من دیدمت دانیلو
روی یک شمایل در حومه ی کالوش

می دانم که تو بال داری و جرات داری با فرشته ها
تخته نرد بازی کنی، سر خوشبختی بچه هایت
وقتی آنها می خواهند تورا متقاعد کنند که صورت زیبایی داری
برمی خیزی و به شمایل اندوهت می روی.

Eine der erstaunlichsten Erfahrungen ist das Herausfischen von unberührten Welten aus dem Herzen einer Sprache, die dir fremd und unbekannt ist. Der Blick auf eine – aus unbekannten Wörtern bestehende – Gestalt und der Versuch, die fließenden Gedanken darin zu erfassen.

Die Reise nach Deutschland verlief für mich von Anfang an sehr erfreulich. Die sorgfältig geplante Werkstatt, die Ordnung beim Abhalten der Sitzungen sowie der Ehrgeiz aller Beteiligten verdeutlichten die Bedeutung dieser Reise noch mehr. Die anfängliche Verwirrung verblasste angesichts der freundlichen Art der Gastgeber; und die Begleitung durch den Sprachmittler bei der Anbahnung der Kommunikation beseitigte schließlich jedes Gefühl von Fremdheit. Daniela und ich befassten uns mit der gegenseitigen Nachdichtung und entdeckten jeder die poetische Welt des anderen. In kurzer Zeit lernten wir unterschiedliche Denkweisen und Schreibstile kennen. Wir gingen Wort für Wort und Zeile für Zeile vorwärts und es war so, als hätten sich mit der Zeit die Fenster zum Licht hin geöffnet. Sehr beachtenswert sind die menschlichen Gedanken und Motive in der Lyrik von Daniela: die bildhafte Sprache und reine Fantasie in ihren Gedichten verstärken noch die Schönheit ihrer Gedanken.

Das Übersetzen der Gedichte – inklusive des Dialogs über einzelne Komponenten und Wörter, Zeichen und kulturelle Referenzen – ließen mich ahnen, dass, trotz unseres Denkens in zwei unterschiedlichen Sprachen, stets auch Gemeinsamkeiten und Ähnlichkeiten beim Verständnis menschlicher Motive und Sorgen sowie beim Umgang mit Themen, wie zum Beispiel Liebe, Leben und Tod, existieren.

Obwohl Danielas Poesie eine Fülle fantastisch-bezaubernder Bilder aufweist, ist sie keineswegs romantisch und eindimensional; die Intellektualität ihrer Sprache potenziert die Auslegungsmöglichkeiten und knüpft an historische wie geistige Traditionen an. Subtil beschreibt sie die Begegnung mit besonderen Gegenden und Kulturen, etwa wenn sie auf den Hindukusch oder iranische Fliesen des achtzehnten Jahrhunderts Bezug nimmt. An anderer Stelle regt ihre ästhetische Verbildlichung von Qualität und Quantität des Leidens zur Reflexion an. Die Erfahrungen während des VERS-schmuggels fördern meines Erachtens nicht nur Kultur und Schreibkompetenz der DichterInnen, sondern auch die Freundschaft zwischen den Menschen und Kulturen allgemein.

**علیرضا عباسی**

یکی از شگفت انگیزترین تجربه ها، بیرون کشیدن جهان های ناب است از دل زبانی که با آن احساس غریبگی و ناشناختگی می کنی. نگریستن به پیکره ای از کلمات ناشناخته و تلاش برای دریافتن اندیشه ی جاری در آن.تجربه سفر به آلمان از همان آغاز، شادی آفرین بود. برنامه ریزی و نظم جلسات و جدیت شاعران و مترجمان، اهمیت آن را نمایان تر می کرد. گنگی آغازین، با مهربانی میزبانان رنگ باخت و همکاری واسطه ی زبان، برای شروع شناخت و ارتباط فکری، حس غریبگی را از میان برد.من و دانیلا به ترجمه و کشف جهان شعرهای هم پرداختیم. در زمان کوتاهی با مشی فکری و اسلوب نوشتاری هم آشنا شدیم و این بر هیجان و لذت کار افزود. کلمه به کلمه و سطر به سطر که جلو می رفتیم، گویی پنجره هایی به روشنی گشوده می شد. مفاهیم و اندیشه های انسانی در شعر دانیلا بسیار قابل تامل است و زبان تصویری و تخیل ناب او بر زیبایی اندیشه اش می افزاید. برگردان شعرها به واسطه ی گفت و گو درباره ی اجزا و کلمات شعر و نشانه ها و ارجاعات فرهنگی، این احساس را به وجود آورد که علیرغم اندیشیدن به دو زبان متفاوت، اشتراک و نزدیکی بنمایه ها و دغدغه های انسانی و مفاهیمی مانند عشق و زندگی و مرگ، همواره وجود دارد. شعر دانیلا علیرغم برخورداری از تخیل ناب و تصاویر دلنشین، رمانتیک و تک ساحتی نیست، اندیشه ورزی او در زبان باعث افزایش امکانات تاویل و توسعه ی ریشه های فکری و تاریخی زبان شده است.توصیف او از مواجهه با جغرافیا و فرهنگ های خاص بسیار ظریف و ریشه دار است. مثلا ارجاعش به کوه های هندوکش یا کاشی های قرن هیجدهم ایرانی، زیبا و دقیق صورت گرفته، یا در جایی دیگر کیفیت رنج و درک کمیت آن زیبا و تامل انگیر تصویر شده.تداوم چنین تجربه هایی، هم موجب ارتقا فرهنگی و کیفیت نوشتاری شاعران و نویسندگان می شود و هم باعث دوستی بین انسان ها و فرهنگ ها.

Ich habe größten Respekt vor Parviz' Übersetzerleistung. Von zwei Seiten haben wir ihn belagert, denn er war der einzige Steg in die Sprache und Kultur des anderen. Jedes Wort und jeder Gedanke mussten durch ihn hindurch. Hat er etwas nicht wirklich begriffen und behalten, konnte er es nicht hinübertragen. Deswegen gibt es in den Übersetzungen keine unverdaute Stelle, an der nur mechanisch die Worte übertragen worden wären. Parviz brachte uns die Bedeutungen wie kleine Päckchen, die der andere uns schickt.

Alirezas Gedichte, ein großer Glücksgriff für mich, ähnelten anfangs tatsächlich mehrfach verschnürten Paketen, die beim Transport in die andere Sprache ganz lädiert waren. Aber als wir sie gemeinsam ausgepackt hatten und ich sie in ihrer ganzen Strahlkraft verstehen konnte, wurden sie nun ein Teil meines poetischen Kosmos. Ein Teil, den ich mir Wort für Wort zu eigen gemacht habe – sein poetisches Denken ist mir auch ziemlich nah – und mit dem ich mir eine Brücke in die persische Kultur gebaut habe. Also, es war wunderbar mit uns dreien.

دانیلا دانتس

من بیشترین احترام ام را نثار کار ترجمه ی پرویز می کنم. ما از دو سو دوره اش کرده بودیم، چون او یگانه پل اتصال ما به زبان و فرهنگ آن دیگری بود. هر کلام و هر اندیشه ای باید از صافی او می گذشت. اگر خود او واقعاً چیزی را درک نمی کرد و توی چنگش نمی گرفت، نمی توانست به این سو بیاوردش. به همین خاطر در ترجمه ها هیچ جایی ناگوارده یا هضم نشده نیست، حتی جاهایی که کلمات به صورت مکانیکی برگردان شده اند. پرویز، معناها را مثل بسته های کوچکی که دیگری به نشانی ما فرستاده، برای مان می آورد. شعرهای علیرضا، که آشنایی با آن برای من مایه ی خوشحالی است، در آغاز واقعاً در حکم بسته هایی بودند که بارها به هم نخ پیچ شان کرده بودند، و هنگام نقل و انتقال به زبان دیگر کاملاً آسیب دیده بودند.اما بعد از آن که با هم لاک ومهرشان را باز کردیم و من توانستم آنها را با نیروی درخشندگی کاملش بفهمم، دیگر بخشی از جهان شاعرانه ی من هستند. بخشی که آن را من کلمه به کلمه از آن خود کرده ام، تفکر شاعرانه اش کم و بیش به من نزدیک است، و با آن برای خودم پلی به فرهنگ ایرانی ساخته ام. باید بگویم که کار ما سه تن معرکه بود.

} علی عبداللهی · یان فولکر روهنرت

} میانجی زبانی
} علی عبداللهی

{ ALI ABDOLLAHI · JAN VOLKER RÖHNERT

{ Sprachmittler
  Ali Abdollahi

## WIND UND BAUM

Der Wind weht
kommt und geht
bleibt gleich

Aus Blüten Kirschen
Birnen Pflaumen reif
vom Stamm

Kurz darauf
kommen auch
die Äpfel dran

Und der Wind
ist immer noch
derselbe Wind

## باد و درخت

بادی که می آید و می رود
همان باد است
شکوفه ها  گیلاس می شوند
یا گلابی و آلوچه


می رسند و
می افتند
بعد
نوبت سیب ها می رسد


ولی باد همان باد است.

## ZERQUETSCHTE LIMONE

Genau wie bei einer prallen Limone,
die in zwei Hälften fällt,
möchten die Lippen vom saftigen
Rand die Säure ziehen,
jenem Rand, der im Mund
das Wasser zusammenzieht.

Genau wie bei einer saftlosen
zerquetschten Limone
liegengelassen auf dem Tisch
am Tellerrand
mit dem letzten Fruchtfleisch,
nach dem keiner mehr verlangt.

Genau wie eine zerquetschte Limone
nur noch wartet, dass man das Tischtuch zieht.

## لیموی چلیده

درست مثل لیمویی شاداب
که به دو نیمش کرده اند
از آن طرفی که بشود آبش را گرفت
آبش را می گیرند    می مکند
از آن طرفی که  بشود مکیدش
درست مثل لیمویی
چلانده   بی آب
افتاده   کنار بشقاب
گوشه ی سفره
با آخرین نمی
که بی مصرف می ماند


درست مثل لیمویی چلیده
منتظرِ برچیدنِ بساط شام.

## MEIN MEER

1
Das Meer ist ein Klumpen
kaum größer als die Rumpel,
die aus dem Himmelszuber fiel.

Hör doch endlich auf,
den Kometen Honig um ihren Bart zu streichen,
den du später als kosmischen Schlamm
wieder aus den Riefen kratzt –
deine Galaxien sprühen
lange nicht so hell
wie die Funken von einer einzigen
Zeile Omar Khayyams.

2
Widerspenstiger als das Meer
ist es selbst

Träger als das Meer
ist es selbst

Die Tränen in seinem Zuber
schenken Lieder voll Lust

## دریای من

۱.

دریا کمی بزرگتر از تشتی ست
که از بام آسمان افتاده
و هیچ کارش نمی شود کرد
هی باید ناز ستاره های خیس را کشید
و از کف کفش خود
گل و لای کهکشانهایی را زدود
که در مداری محدود می چرخند
ولی به اندازه ی یک سطر"خیام"
حقیقت ندارند.

۲.

سمج تر از دریا
خودِ دریاست
خسته تر از دریا
خودِ دریاست
با آن که مخزن اشکهاست
آوازهای شاد می خواند.

## FORMEN UND EIGENARTEN
*nach einem Motiv bei Ana Blandiana*

Leben – so viele
Formen
wie Eigenarten.
Jeder von uns
trägt mehr als eines
in sich.

Vom Mond des einen
die Sonne des andren
beschattet.
Die Sonne des einen
strahlt auf Mond und Sterne
des anderen ab.

Die Löwen des einen
reißen die Füchse
des andren entzwei.
Die kleinen Fische
landen im Magen
des Hais.

Das Laub des einen
Baumes nimmt
den Nachbarn das Licht
und Stamm an Stamm
lassen manche von ihnen
ihr Harz.

Kommt ein Sturm,
krallen sich ihre Wurzeln
so tief wie es geht.

## اشکال و ماهیت ها
(با الهام از شعر آنا بلندیانا)


نه فقط اشکال
که ماهیتهای گوناگونی دارد زندگی
نه فقط یکی
که چند زندگی داریم
هر یک از ما


ماهِ یکی
بر خورشید دیگری می افتد
خورشیدِ یکی
ستاره ها و ماهِ دیگری را
روشن می کند


شیرهای یکی
رویاه های دیگری را می درد
نهنگهای یکی
ماهیهای کوچک دیگری را
یکجا می بلعد
درختهای یکی
بر درختهای دیگری
سایه می اندازد
و همزمان که
همه به هم تکیه داده اند
شیره ی برخی سرازیر می شود


ولی توفان که از راه برسد
همه با ریشه های خود
دو دستی زمین را می چسبند
غافل که
تن درختان دیگری
در جنگلی دیگر
خانه ی مردمان دیگری ست و
همزمان سیلابهای یکی
خانه های دیگری را ویران می کند...

Wer denkt schon daran,
dass die anderen Bäume
in einem anderen Wald
andern ein Heim
und zu gleicher Zeit
anderer Heim überschwemmt.

Die Leben machen sich gegenseitig
das Leben schwer,
doch mitunter leuchten sie
einträchtig bunt
vor der Kulisse eines Bergidylls,
zu dessen Füßen
ein ätherisches Paar
sich in der Kühle ätherischen Palasts
die Gläser füllt mit ätherischem Wein.

Als Kinder haben wir keine Lust
auf einen Lebenslauf,
und älter geworden lockt
uns das Labyrinth der vielen Leben,
bis wir irgendeines wählen,
doch keines davon ist echt.

Als Greise
sind wir etwas von all dem
ohne eines davon wirklich gewesen zu sein,
und in der Stunde des Todes
sterben bloß wir
und alle Leben lachen
uns einstimmig aus.

زندگی ها در تقابلی شانه به شانه
همدیگر را فسخ می کنند
یا گاهی دست در دست هم
طرحی رنگارنگ می کشند
بر کوههای مینیاتوری
که پای آن، دو عاشق اثیری
زیر درختهای قصری اثیری
باده ی اثیری در جام شان می ریزند.


در کودکی
خام تر از آنیم که
به التزام یکی گردن بگذاریم
در میانسالی
حیران زندگی های بیشمار
رو به یکی قیقاج می رویم
ولی هیچکدام را زندگی نمی کنیم


در پیری
همه را می پذیریم
بی که هیچکدام را زیسته باشیم
و روز مرگ
فقط ماییم که می میریم و
همه ی آن زندگی ها
یکصدا به ما می خندند!

## MIT VERSCHWOMMENEM BLICK

Das sind doch Galgen
statt Bäumen hier,
landauf landab
ein schwarzer Eisberg
und Schlucht ohne Zurück.

Als hätte jemand
die Schilder umgedreht
oder rollte dauernd die Straße
wie einen Teppich zusammen
und wieder aus.

Wir fahren und fahren
und rühren uns nicht vom Fleck,
je weiter wir kommen,
umso mehr Füchse in Sicht,
unser Schicksal
baumelt an ihrem Schwanz.

Eigentlich sollten wir längst
in Eden sein,
das war gründlich getäuscht,
der Himmel über uns
wird zusehends rot.
Dreh doch die Vorschrift um
und fang mit dem Fahrer zu reden an.

**نگاه شکسته**


درخت های این حوالی
به دار می مانند
و کوه و کمر
یخزارِ سیاه اند و
جهنم‌درّه ی افسوس.


کسی تابلوها را شاید چرخانده
یا هی راهها را
لوله می کند و
دوباره بر عکس باز...


هر چه می رویم
جنب نمی خوریم از جا
هرچه پیشتر، رویاهها بیشتر
و سرنوشت مان
دم یکی از آنها.


قرار بود
به عدن برویم
از عدم سر درآوردیم
آسمان بالای سرمان
سرخ تر می شود هر لحظه
ولی شما اعتنا نکنید
به نوشته ی پشت صندلی
لطفاً با راننده حرف بزنید!

## WIPFEL UND GIPFEL

Alles strebt in die Höhe:
Baum, Berg, Brunnen.

Uns bietet der Staubbeutel der Wolke
keine Geheimnisse mehr,
ebensowenig der Wind
macht uns etwas aus.

Wie sollen wir jenen,
die auf windschiefen Brettern
ihre salto mortales vollführen
und dabei glauben,
dem Himmel eins auszuwischen,
den Andren beschreiben,
der weder vom Wipfel weiß
noch auf dem Gipfel war?

## درخت، قله، فواره

بلندایی دارد هر چیز؛
درخت، قله، فواره.
ما که چنته ی خالی ابر را دیده ایم
و تکیه مان به باد نیست
جا دارد شما را
که پشتک و وارو می زنید
بر سکوی عاریتی
و باورکرده اید که سیلی-زن آسمانید
همیشه آن سومی بدانیم
که نه درخت را می شناسد
و نه پا بر قله گذاشته است.

یان فولکر روهنرت · علی عبداللهی }

میانجی زبانی }
علی عبداللهی {

{ JAN VOLKER RÖHNERT · ALI ABDOLLAHI

{ Sprachmittler
  Ali Abdollahi

## KIAROSTAMI

Die Schildkröte auf ihrem Panzer
geht in der Luft, auf allen vieren,
bis sie wieder im Staube steht,
der Käfer rollt seine Kugel
aus Schafkot, ein Sisyphos,
durch Dornen und Dreck,
der Film, ganz groß am Boden
die Spur, die er hinterlässt

**کیارستمی**
بر اساس صحنه ای از فیلم" باد ما را خواهد برد"

سنگ‌پشت، برگشته روی لاکش
راه می رود در هوا، با هر چه توان که در پا،
بعد، دوباره قرار می گیرد روی زمین، در غبار
سرگین‌غلتان، گوی پشکل اش را
می غلتاند؛ سیزیفی، میان خار و خُل،
فیلم، جا می گذارد اثری بزرگ بر زمین
از ردی که در قفایش می ماند بر جا.

## DIE MAUERSEGLER

Sie haben ihr Reich auf Luft gebaut,
Wirbel, Widerstände, Windkanäle,
Zufall und Gesetz der Strömungslehre
im Element, das unsichtbar die anderen umgibt.

Sie schlüpfen aus Fugen, Rissen, Giebelschlitzen
wie Hasen aus dem Hut des Zauberers
*plötzlich da* – ohne dass jemand gesehen hat,
wie sie Wald, Wüste, Alpen überqueren

in konzentrischen Schleifen, Möbiusbändern,
die wie Wetterkarten wandernd
den Globus überziehn: Kontinent
aus Flügelspannen, pechschwarzer Sturmhaube

und einem Aug, das im Himmelblau
vom ersten bis zum letzten Sonnenstrahl
das Delirium der Landschaft träumt –
großes Kino ohne Dunkelheit,

als Popcorn Mücken, Fliegen oder Larven
ihnen zugeflogen, in den Schnabel,
der, aus den Kehlen, wie eine ferne Sonde sirrt,
die in die Atmosphäre bricht

und des Kosmos fremdes Rauschen hörbar macht,
im Hintergrund des Tages,
dem sie seinen Himmel wiedergeben:
Die Mauersegler *sind* das Blau;

federleichte, beinah schwerelose Flügelsehne,
die den Sommerhimmelbogen spannt.

## بادخورکها

قلمرو خود را، ساخته اند بر هوا؛
تند-چرخها، مقاومتها، باد-راهها،
اتفاق، و قانون مکانیک شاره ها
در عنصری نادیدنی، می گیرد گردِ دیگران را.


بیرون می خزند: از شکافها، از درزها، از روزنِ لچکی ها
مانند خرگوشی از کلاه جادوگر
ناگهان حاضر- بی که احدی ببیندشان،
درمی نوردند: جنگل، کویر و آلپ را

در چرخشی دوار، نوارهای موبیوس
جنبان همچو نقشه های پیش بینی وضع هوا
بر گوی زمین می چرخند: قاره ای
از کشش بالها، با کلاه قیرگون سیاه

و از یک چشم، که در آبی آسمان
از اولین و از آخرین پرتو خورشید
می بیند رویای خلسه ی  چشم انداز را-
سینمایی بزرگ و بدون تاریکی،

با پشه هایی که چس فیل شان اند، و مگسها یا پیله هایی
که خوراک شان؛ در مَنقاری،
که وزوز می کند از گلوهای سوندوار  دور،
که ،  در جو می شکند پرصدا

و شنیدنی می سازد خش-خش غریب کائنات را،
در پسزمینه ی روزی،
که از نو به آن می دهند آسمانش را:
بادخورکها، خودِ رنگِ آبی اند؛

زردپی بالهایی، سبُک-پر، و کم و بیش بی وزن،
که مَی کشد کمانِ آسمانِ تابستانی را.

## ZIEGENMELKER

Das Tier, das es nicht gibt. Präparat der Naturalienkabinette. Phantom der Bestimmungsbücher, Schautafeln alter Lexika: Dort sitzt er, gekauert im Unterholz, zwischen dem Heidekraut-, Heidel- und Preiselbeergesträuch lichter Kiefernsäume, die tarnbraunen Halbmondschwingen an den Leib gepresst, Gestalt der nährstoffarmen Sanderböden, die sich in nichts von der Umgebung unterscheidet – es sei denn, sie flöge auf. Wer hat ihn außerhalb der Vitrinen zu Gesicht bekommen? Sein Schnurren, sein Sirren und Zirpen und Schwirren nachts gehört? Den Sphinxkopf, die holunderschwarzen Schläfenaugen erkannt, die es ihm gestatten, ohne Kopf zu drehen sich nach jeder Seite umzusehn? Das filigrane Gekräusel um den Hals, das eingezogne Krallenpaar, die Mittelzehe länger und wie ein Kamm den Borsten, die zwischen Nasenröhren, stumpfem Schnabel und Oberkiefer sprießen, hinter dem ein riesiger Rachen gähnt? Wer wollte sagen, was er außerhalb unserer Vorstellung überhaupt *ist*? (Meistbietend gesucht: Aufnahme vom Ziegenmelker in Infrarot.) Es ist dieses Bild, aus dem der Mythos rührt (Mythos und Name sind eins): der nächtliche Gespensterflug auf Weiden und in Ställe unter die Euter des Viehs. Schöpft ihre Milch, der nie gefasste Dieb (weil er nie an einem Ziegeneuter hing). Ziegenmelker Fehlanzeige? *Nachtschwalbe, Kuhsauger, Kalfater, Pfaffe, Kindermelker, Brillennase, Hexe, Weheklage, Elfe, Schwalm.* Ziegenmelkertode auf der Autobahn; stellt sich stumm bei anrollender Gefahr. *Rätsel der Fachwelt*: weißer Kotring, den die Jungen gleichmäßig ums Nest verstreun. Bei Nahrungsmangel Kältestarre; Strategie von Winterschlaf. Der Vorstellung genügt ein elliptisch zugespitzter Feuerstein, beim Baden aus einem Mecklenburger See gefischt. Eines Tages kramst du ihn aus, ohne dich zu entsinnen, woher er kam. Drehst ihn zwischen den Fingern, die glatte Flügelkuppe, ein Handschmeichler. *Ah, Ziegenmelker*. Es genügt der Flugschatten um einen Wacholderbusch, im Vorbei mit dem Rad an der Müritz im Erlenbruch des Specker Horsts erhascht. Schatten, der dich nicht verlässt. Bis er sich, aus seiner Deckung brechend, nächtlich über die Wiesen schwingt, in niedriger Höhe auf kleinem Revier rüttelnd: geduckter Schatten in den Lexika, Borke unter den Präparaten im Kabinett. *Dieser trockne Kiefernast diente einem Ziegenmelker sommerlang zur Rast.*

## شبگرد

حیوانی که نیست. موجودی تاکسیدرمی شده، در قفسه‌ی تاریخ طبیعی. شبح کتبِ توصیفِ رده‌ها، الواح راهنمای قاموسهای قدیمی: آنجا نشسته، چمباتمه زده پای درختچه‌ها، میان خلنگ- بوته‌ها، زغال اخته و تمشکهای حواشیِ روشنِ صنوبرها، به تن فشرده، پرهایِ هلالیِ قهوه‌ای استتارگرش را، صورت خاک‌های ماسه‌ای با مواد مغذیِ ناچیز، که ابداً از محیط پیرامون تمایزپذیر نیست،- مگر اینکه خودش خود را لو بدهد. چه کسی خارج از ویترین‌ها، او را به چهره دیده است؟ آیا کسی مرنوکشیدن، وزوز و جیرجیر و تندچرخیدن اش را شبها شنیده؟ آیا کسی سر ابوالهول-گونه و چشمان شقیقه‌ای سیاه آقطی -وارش را به جا آورده، که به او اجازه می دهند، بی که سر بچرخاند، به هر سو نظر دوزد؟ خردک تاهای ظریفِ دورِ گردنش، جفت پنجه‌های به هم آمده، انگشت وسط بلندتر مثال شانه برای موهای سیخ سیخی، منقار بی حالت کندش که از میان روزنهای بینی و آرواره‌ی بالا، بیرون می جهند، و پشت آن، حنجره‌ی غول آسای به خمیازه گشوده؟ چه کسی یارا می کند بگوید که خارج از تصور ما، بزدوشک اصلاً چی هست؟ (دوستدارانش به قیمت گزاف پی اش می گردند: پیِ عکسی از او با دوربینِ مادون قرمز) این همان تصویری است که اسطوره از آن منشأ می گیرد (اسطوره و نام، یکی هستند): پرواز اشباحِ شبانه بر مرغزارها و در اصطبلها، به زیر پستانِ حیوان. سهم شیرش را برمی دارد، دزدِ هرگز نگرفته (زیرا هرگز به پستان بزیِ آویخته ندیده اندش). آیا این نشانِ ردِ گم کنِ بزدوشک است؟ بزدوشکِ شبانه،جن کشتیِ نگهدار، کشیشک، بچه دوش، بینیِ عینک، ساحره، مویه گر از فرطِ درد، پریچه‌ی ناز، شبزیِ دُم دراز. مرگهای بزدوشک در بزرگراه؛ او هنگام بروز خطر زیرگرفتگی، بی صدا خودش را به جلو پَندَل می دهد: معمای دنیای علمِ حلقه‌ی گه سفیدی، که جوجه هایش به یکسان دور و بر لانه، پخش و پَرا می کنند. به گاه کمبود دانه، خشک و چغر شده از سرما؛ تمهید خواب زمستانی. کافی ست تصور آتشزنه‌ای تیزوار و بیضوی از آن داشته باشی، که هنگام آبتنی در دریاچه‌ی "ملکنبورگ" به چنگش آورده‌ای. یک روز هم اتفاقی به آن چنگ می زنی، بی آنکه یادت بیاید، از کجا آورده ایش. می چرخانی اش میان انگشتان،انحنای صاف بال را: شیئی خوش دست. آهان، بزدوشک! سایه‌ی پروازِ دورِ یک آقطی، کفایت می کند، تا بعد بقاپی اش هنگام رد شدن با دوچرخه از کنار دریاچه‌ی "موریتس"، میان توسکاهای ناحیه‌ی"اشپیکرهورتس". سایه‌ای که ترکت نمی کند. تا از غلاف اش بیرون بزند، شبانه، فراز چمنزاران، به جنبش درآید، ایستاده و پرپرزنان در بلندای کم ارتفاع منطقه‌ای کوچک: سایه‌ای روی قاموسها خم شده، پوست درختیِ پایین دستِ موجوداتِ تاکسیدرمی شده در قفسه. همین یک شاخ خشک صنویر، برای آسودن به کار بزدوشک می آمد، در تمام طول تابستان.

## MITTAG AUF DER WANDERDÜNE

Du schließt die Augen
langsam, die Welt
ist nichts außer Wind
du öffnest sie wieder
langsam, die Dinge
hellen sich auf:
   Sand-
körner, durch die Heere
von Ameisen ziehen
darunter die Wiesen
neblig am Fluss
der Wespenbussard dreht
über den Kiefern
ab außer Sicht
nichts wie es ist
bleibt in zwei Augenblicken
außer dem Wind

## ظهر در ریگِ روان

تو چشمانت را می بندی
آهسته، جهان
هیچ نیست، الّا که باد
دوباره بازش می کنی
آهسته، اشیاء
روشن تر می شوند:
شن-
دانه ها،
که از میان شان می گذرند
ارتشِ موران
در پایین دستِ چمنزارها
مه زده
کنار رودخانه
ساری، چرخ می زند
بر بالای صنوبرها
گم می شود از دید
هیچ چیز، مثال آنچه هست،
نمی ماند
میان دو لحظه
الّا که باد!

## STEINBRUCH

Den Tag über
den Falken, oben
in der Kiefer, zugeschaut

(meine Großmutter, neunundneunzig
wäre sie, pflanzte
als Kind diesen Baum):

Nest nur zu ahnen
im südlichen Wipfelzack
von unten schimmernd durch Nadelgrün –

im obersten Wipfel die Falkin
wacht, späht, spreizt
zum Fächer den Schwanz

der Falke nebenan
flog in der Eiche ein
würgt aus seinen Fängen

die Wühlmaus tief in den Kropf
schwingt auf, gleitet
rund um die Kiefer

drinnen keckert es los
die Falkin zum Nest
endlich, endlich

schwebt heran, lässt
zeternd sich nieder, schärft
mir und dir und

معدن سنگ


روز را تمام
به عقابان آن بالا
نگریسته ام، به کاجها


(مادربزرگم، که اگر زنده بود
الان نود و نه سالش می شد،
در بچگی، این درخت را کاشت):


فقط لانه ای که حدس می زنی
در ستیغ جنوبی قله
از لای رنگ سبزسوزنی
از پایین می درخشد-


در تاج آن، عقاب مادر
می پاید، دیده برمی دوزد، می گشاید
دم اش را مثال بادبزنی


عقاب نر، آن نزدیکی
پریده روی شاخه ی بلوط
با پنجه های باز،
قورت می دهد
گنده موشی را
به عمق چینه دان


می پرد بالا، می چرخد
به دورِ کاجها


در لانه، جیک-جیک جوجه ها،
می جهد،
عاقبت، عاقبت
عقاب مادر، سمت لانه

jedem von ihnen ein:
*dir wird nichts geschehn*
dir wird nichts geschehn

غرغرکنان می اندازد
خود را روی لانه،
واگویه می کند به من و تو و

به هرکدام از آنان موکّداً:
برایت هیچ اتفاقی نمی افتد
برایت، هیچ اتفاقی، نمی افتد.

## AUS DER ZEIT

die Brücke
am Müggelsee
ein Teppich
aus Licht
darunter
kommt auf dich zu
ein Boot
das Kino
der Autos
darüber
die Augen
erinnern sich
schwarzweiß
das Segel
im Schatten
das andere Ufer
die Geschichte beginnt
wenn es still ist
nach dem Verkehr
und hat kein Ende
am Wasser
solange
du blickst

## از زمان

پل
لب دریاچه ی موگل
فرشی
از نور
آن پایین
می آید رو به تو
قایقی
سینمای
ماشینها
آن بالا
چشمها
به یاد می آورند
سیاه و سفید
بادبان را
در سایه
ساحل آن طرف
وقتی قصه آغاز می شود
که همه چیز آرام است
از پس آمد و شد
و هیچ پایانی ندارد
بر لب آب
تا زمانی که
تو نگاه می کنی

Im Vergleich zu den Erfahrungen der anderen iranischen LyrikerInnen war meine außergewöhnlich: Zum einen gab es zwischen mir und Jan keine Sprachbarrieren, weswegen wir auch keinen Sprachmittler benötigten. Zum anderen: Wir zwei waren drei Personen! Abgesehen von den intensiven Planungsarbeiten für diese Werkstatt im Vorfeld, spielte ich an jenen drei Tagen, hinter einem der Tische im Haus für Poesie in Berlin sitzend, gleichzeitig drei unterschiedliche Rollen: Lyriker, Sprachmittler und Übersetzer. Mir durchaus vertraute Rollen! Im Dauerkreis von Rilkes *Reinem Widerspruch*! Und ständiges Wechseln zwischen den Rollen! Immer auf Hochtouren! Und das Schönste daran: Ein persischsprachiger Lyriker und Übersetzer von Dutzenden klassischen und zeitgenössischen deutschsprachigen Dichtern, der zwischen zwei Stühlen gelebt hat, springt nun auf Zehenspitzen über die Grenzsteine der einen Welt auf eine andere Lebenswelt zu! Fremd-vertraut! Schauen in und auf zwei parallele Welten! Oder: Einer mit zwei, drei Einsamkeiten! Zwei, drei Verwandschaften! Und ansässig sein daheim und in der Welt! So! Und von Anfang an habe ich versucht, Jan an etwas heranzuführen, was über die gängige Übersetzung meiner Lyrik hinausgeht; an das, was ich nicht gesagt habe, was sich jedoch zwischen den Wörtern herausfischen lässt: Wie drückt ein deutscher Lyriker aus, was ich in meinen Gedichten gesagt beziehungsweise nicht gesagt habe? Es ist zwar so, dass mir der gründliche, scharfblickende und den Khayam liebende Jan von seltenen deutschen Vögeln erzählte sowie von Bäumen, die ich nicht kannte; doch ich bin mir sicher, dass ich in gleichem Maße ihn in Versuchung bringen konnte, in den Geist von Fitzgerald einzutauchen! Was für eine reine Erfahrung!

## علی عبداللهی

تجربه ی من در قیاس با سایر شاعران ایرانی گروه، یگانه بود و بسیار متفاوت. یکی این که بین من و یان، هیچ ناهمزبانی نبود، ازاین رو، میانجی زبانی نمی خواستیم. ما دو تا، در واقع سه نفر بودیم! سوای برنامه ریزیهای فشرده ی پیشین برای این کارگاه؛ من در آن سه روز، پشت یکی از میزهای خانه شعر برلین، بازیگر سه نقش توأمان بودیم: شاعر، میانجی زبانی و مترجم!نقشهای مأنوس خودم! در چنبر تناقض ناب ریلکه ای! و رفت و آمد مدام بین نقشها،آنهم با دور تند! و لطف ماجرا، درست درهمین جاست: شاعری فارسی گو و مترجم شعر دهها سراینده ی آلمانی زبان قدیم و جدید که میان دو صندلی زیسته، اکنون پاورچین، از سنگچین های مرزی یک جهان برمی پرد به زیست-جهان دیگری، آشنا- بیگانه! نگریستن در- و به- دو جهان موازی! یا: یک تن و دو سه تنهایی، دو سه همخویشی و در-خانه-و- در-جهان- بودن! باری، از آغاز کوشیدم یان را به چیزی فراتر از برگردان معمول شعرم برسانم، به آنچه من نگفته ام ولی می شود از لابه لای واژگان صیدش کرد: چگونه شاعری آلمانی آنچه ها را که من در شعرهایم گفته و نگفته ام، به آلمانی می گوید؟ این درست که یان دقیق و نکته سنج و دوستدار خیام، و از پرندگان نادر آلمانی و از درختانی گفت که تاکنون نمی شناختم، ولی من هم وسوسه اش کردم با روح "فیتزجرالد"سر و سّری پیداکند! و چه تجربه ی نابی!

Vor allem ist mir während der allzu schnell verflossenen Tage aufgegangen, dass die Poesie ein einziges großes Gespräch ist – nicht nur Anlass oder Ergebnis eines Gesprächs (all das bewirkt sie selbstverständlich) –, eine unentwegte Unterhaltung, die die Sprache mit unseren Gedanken und Vorstellungen führt: eine einzige große Übersetzungsarbeit, an deren Ende so etwas wie ein Gedicht in einer konkreten Einzelsprache steht. Beim Übersetzen der Gedichte habe ich gespürt, wie jeder von uns noch einmal hinter seine Einzelsprache zurücktreten musste, um dem anderen das nicht mehr sicht- und hörbare Gespräch in unserm Innern, das dem Gedicht vorausging, mit all den mehr oder weniger fremden (und manchmal auch spontan vertrauten) Ingredienzen nahezubringen. Dabei zahlte es sich aus, dass Ali einer der produktivsten Übersetzer alter und neuer deutschsprachiger Dichter und selber im Deutschen routiniert zuhause ist. Das Gegenteil ist zu meiner Schande bei mir mit dem Persischen der Fall. Vielleicht ändert sich das einmal. Angeregt worden, tiefer ins Persische einzudringen, bin ich allemal. Ich hatte das Privileg, dank der Gespräche mit Ali (und den übrigen Dichterinnen und Dichtern während des Zusammenseins in der Kulturbrauerei), weit mehr über persische Poesie zu erfahren, als man normalerweise erfährt, wenn man des Persischen nicht mächtig ist. Seit unseren Gesprächen gehört Omar Khayam zu meinen Favoriten und ich trage seine Vierzeiler täglich bei mir. Auch sie sind ein unerschöpfliches Gespräch und nur ein Anfang für Weiteres.

پیش از هر چیز، همین چند روزی که به شتاب برق و باد گذشت، برایم مثل روز روشن کرد که شعر، یگانه گفت و گوی عمیق است؛ - نه اینکه فقط دستاویز یا برآیند گفت و گو باشد (مسلماً شعر بر تمام این جوانب تاثیر می گذارد)-؛ مراوده ای بی وقفه و خستگی ناپذیر، که زبان را با اندیشه ها و تصورات مان پیش می برد: یگانه کار ترجمه ی عمیق و گسترده، که در پایان آن، چیزی به نام شعر در مفهوم عینی اش در دو زبان شکل می گیرد.هنگام برگرداندن شعرها، احساس می کردم هر یک از ما دو نفر ناگزیرست یکباردیگر به پشت و پسله های زبان خودش واگردد، تا بیش از پیش، به سویه ی نادیدنی-ناشنیدنی گفت و گو در درون مان، به آنچه از دل خود شعر برمی آمد، با تمام اجزای کم و بیش غریبه(و گاهی نیز به طرزی خودانگیخته و فی البداهه، مانوس و آشنا) به دیگری نزدیک شود.البته همزمان این حسن هم در کار مشترکمان وجود داشت که علی، یکی از پرکارترین مترجمان خلاق شعر شاعران قدیم و جدید آلمانی با ورزیدگی خاص خود در زبان آلمانی طرف گفت و گویم بود. ولی در نقطه ی مقابل قضیه، در زبان فارسی، بی اطلاعی من مایه ی شرمساری است. شاید یک وقتی، قضیه به نحوی تغییر کند.مسلماً بارها انگیزه پیدا کرده ام، نقب عمیقتری به زبان فارسی بزنم.باری،این دفعه، به یمن گفت و گوهایم با علی (و البته با سایر شاعران همراه در خانه ی شعر)این مزیت ویژه را به دست آوردم که بسیار بیش از آنچه یک شاعر ناآشنا به زبان فارسی، به طور معمول می داند، از شعر فارسی آگاه شوم.از زمان گفت و گومان به این سو، دیگر عمر خیام شاعر محبوبم شده و رباعیاتش را چون کتاب بالینی، هر روز همراه خود دارم. و نیز، خود رباعیات، گفت و گویی پایان ناپذیرندو آغازکه غور بیشتر و فرارفتن از جایی که اکنون هستم.

} سارا محمدی اردهالی · زیلکه شویرمن

} میانجی زبانی
شهروز رشید

{ SARA MOHAMMADI ARDEHALI · SILKE SCHEUERMANN

{ Sprachmittler
Shahrouz Rashid

## ZEILE FÜR ZEILE

Mir ist
nach einem Mann,
einem Blinden,
der die Brailleschrift kennt.
So kann er mich lesen, Kapitel für Kapitel,
mich entdecken und spielen.
Ich nehme seine Hand,
zeige ihm die Welt
durch meine Augen.
Ich bin
seine Krücke.
Alles Hässliche
blende ich aus.

## خط به خط

دلم
مرد می‌خواهد
نابینا
خط بریل بداند
فصل به فصل
تنم را بخواند
بازی‌های ادبی‌ام را کشف کند
دستش را بگیرم
بازو به بازو
دنیا را برایش تعریف کنم
چشمش شوم
عصایش
و تمام زشتی‌های جهان را
برای او
از قلم بیاندازم.

## WIR ZWEI

Arme Geranie!
In diesen Tagen,
an denen ich krank bin,
sind dir zwei oder drei
Blätter vertrocknet.
Liegt wohl daran,
dass wir aus demselben
Wasserglas trinken.

## من و تو

بیچاره شمعدانی
این روزها که ناخوشم
دو سه برگش خشک شده
چه می‌شود کرد
لیوان آب ما یکی ست

**IM PARK**

„Darf ich mich setzen?" Der Mann zeigt
auf die freie Hälfte der Parkbank.
Ich deute auf das Schild: „Frisch gestrichen!"
Sofort fällt ihm ein:
Er will sich nicht schmutzig machen.

## پارک

مرد پرسید
می توانم کنارتان بنشینم
به یادداشت کنار نیمکت اشاره کردم
رنگی می‌شوید
مرد رفت

## DEINE STIMME

Mitternacht.
Ich hör dich atmen und frage:
„Willst du Wasser?"

Was für eine Idee!
Nur Dunkelheit um mich,
die keinen Durst hat.
Dann höre ich, wie du „ja" sagst.

## کلویت

نیمه شب
صدای نفست می‌آید
برمی‌گردم سمت تو
" آب می‌خواهی ؟ "
چه خیال‌ها می‌کنم
مگر تاریکی آب می‌خورد
می‌گویی بله

## VOLLZEITJOB

Kein Mann will sich
in eine Frau verlieben,

die im Zirkus arbeitet.
Eine Seiltänzerin, die

jederzeit fallen könnte.
und der,

wenn sie nicht fällt,
alle applaudieren.

## کار تمام وقت

هیچ مردی نمی‌خواهد
عاشق زنی شود
که در سیرک کار می‌کند
از آن زن‌ها که باید روی طناب راه بروند
عاشق زنی شود
که هر لحظه ممکن است سقوط کند
و اگر سقوط نکند
هزارها نفر برایش
کف می‌زنند

} زیلکه شویرمن • سارا محمدی اردهالی

} میانجی زبانی
} شهروز رشید

{ SILKE SCHEUERMANN · SARA MOHAMMADI ARDEHALI

{ Sprachmittler
Shahrouz Rashid

zu Fotografien von Alexander Paul Englert

**DER HUND**

Es gibt im Reich der Tiere
keine Heiligen,
nur Frühstück und Abendessen.
Und die Person, die du abgöttisch liebst,
von der du Befehle erhältst
und befolgst.

Wenn sie mir zu warten bedeutet
wage ich nicht
mich wegzubewegen.
Ich kann ihren Kummer riechen, ihre Freude
versengt mir wie Sonne die Netzhaut.
Manchmal strahlt sie prächtiges Gelb aus.
Ich höre ihren leeren Magen noch bevor sie
weiß, sie hat Hunger.
Ich springe an ihr hoch, belle
ihr meine Anteilnahme entgegen.

Ich folge ihr.
Wohin sie auch geht,
wie sie auch geht.
Ob sie nun rennt. Oder mit eingezogenen Schultern
hinkt, ob sie Kreise dreht oder umkehrt, um neu anzufangen.

Zeit fängt nur sie ein, im Erinnern
oder Vergessen.
Wo wir gehen, ist: Jetzt.
Wo wir uns niederlassen: Heimat.
Tag oder Nacht, Strand oder Schnee.
Jedes Schicksal schweißt uns
nur noch enger zusammen.

با نگاهی به عکسهای الکساندر پاول انگلرت

## سگ

در قلمروی حیوانات
قدیسی وجود ندارد
تنها صبحانه است و شام
و کسی که تو چون بت میپرستیاش
تسلیم او هستی
دنبال او هستی

چون به من فرمان انتظار کشیدن میدهد
جرأت جنبیدن ندارم
اندوه او را بو میکشم
شادیاش چون خورشیدی پردهی چشمم را میسوزاند
گاهی زردی درخشان از خود میپراکند
صدای دل خالیاش را میشناسم
پیش از آنکه بداند گرسنه است
به سینهاش میپرم
پارس میکنم
تا دوستیام را ثابت کنم

دنبالش میروم
هرجا که برود
هر گونه که برود
اگر بدود
اگر شانههایش به هم فشرده شود
لنگ بزند
در دایرهای گرد خود بچرخد
که از نو شروع کند

تنها زمان میتواند او را به چنگ آورد
در به یاد آوردن یا فراموش کردن
ما هر جا که برویم اکنون است
هر جا قرار گیریم: وطن
روز یا شب، ساحل یا برف
هر تقدیری ما را تنگتر در هم میتند.

## DAS DORF

In meinen Erinnerungen ist immer Winter. Sie sagten,
eine Märchengestalt hätte das Dorf erträumt.
Schwäne und Schimmel sollten hier leben. Einzelne Menschen,
weiß gekleidet, kalt. Menschen, die ohne Licht leben können.
Die die frische Flockendecke nicht zerstören. Es schien mir damals alles
richtig, intakt. Nur das Mädchen, das irgendwo in einem der Häuser saß
und mit dem Finger, von innen, die Eisblumen im Fenster berührte, war
nicht vorgesehen.

Ich war in hellblauen Briefen unterwegs zu dir,
aber die Schneekönigin hatte dich lange zuvor erwischt.
Ich träumte
von den Tatzen des Eisbärs,
er griff einfach durch deinen Körper
hindurch, nahm sich den kalten
Splitter und ließ
dein Herz unversehrt.
Im Traum gelang es ihm,
dich mit der Wärme seines Körpers aufzutauen.
Gestohlene Zeit tropfte auf den
Boden, gefror erneut.

## دهکده

در یادهای من همیشه زمستان است
می‌گویند پریزادی دهکده را به خواب دیده است
انگار آنجا اسب‌ها و قوهای سپیدی زندگی می‌کنند
آدم‌هایی تک‌افتاده
مردمانی سرتاپاسپید
مردمانی که می‌توانند بی نور زندگی کنند
گمانم آن روزها همه چیزی بر جای خویش بوده است
برچرخ گردانِ مراد
همه چیزی پیش‌بینی شده
جز دختری
گوشه‌ای
در یکی از کلبه‌ها
دختری که از درون بر گل‌های یخ پنجره دست می‌کشید
من در نامه‌های آبی روشن به سمتِ تو می‌آمدم
گر چه پیش‌تر ملکه‌ی برف‌ها تو را ربوده بود


خواب می‌دیدم
چنگال‌های خرس قطبی
چالاک و بی‌رحم برتنت فرو می‌رفت
تراشه‌ی یخ را بیرون می‌کشید از سینه‌ات
و قلبت را به تمامی رها می‌کرد


این گونه است
در خواب‌ها ممکن می‌شود
که با حرارت تنش آب شوی


زمانِ از دست رفته
برزمین چکه کرد
و دگر باره یخ زد

## DIE LAMPE

Ich öffne die Tür einen Spalt breit:
immer noch der Flur mit der altmodischen
Leuchte. Früher spukte es hier. Wenn ich heute
die Treppe hochgehe, weiß ich nie, was das Zimmer
für mich bereithält. Wird es ausgeräumt worden sein,
kalt und kahl? Ist er zur Abstellkammer geworden für
eine Kollektion Madonnen? Wie alt ist er eigentlich,
inzwischen, der Raum meiner Kindheit? Er ist
der Raum meines Lebens geworden, hat sich
so oft verändert. Doch jedes Mal
erkennen wir uns wieder.

Phosphoreszierender Staub im Dunkel.
Die Rücken der Bücher sammeln den Schmutz.
Worte, kaum lesbar, der Schnitt vergoldet, die Buchstaben
auch. Das war lange, bevor ich zu lesen begann; wir lagen wie
Narzissen im Wasser. Der See befand sich vom Haus
weit genug entfernt, wir konnten uns unbemerkt
in den Armen halten. Danach flüchtete ich
in das Zimmer. Die Tür fiel zu. Ich wollte die Rücken
der Wörterbücher streicheln, doch man hatte sie
eilig weggebracht. Wohin? Ich stand da, allein
mit den Wänden. Und dachte an dich, allein mit den Steinen.
Sterne zwischen uns, ein Lichthell wie es dem
Flur nicht einmal anzudeuten gelingt. Ich
musste schon wieder hinaus aus dem Raum,
dich zu suchen. Ich gehe. Immer wieder. Er bleibt.

## چراغ

در را کمی باز می‌کنم
راهرو با همان نور گذشته روشن است
قدیم‌ها اینجا ارواح در رفت‌وآمد بودند
حالا پله‌ها را که بالا می‌روم هیچ نمی‌دانم چه چیزی در اتاق منتظر من است
اتاق خالی خواهد بود؟
سرد و عریان؟
انبار تمثال‌های مریم مقدس شده است؟
زمان چگونه بر او گذشته؟ اتاق کودکی‌هایم

آنجا که درش نفس می‌کشم هنوز
بارها و بارها دگرگون شده است
و هر بار همدیگر را باز می‌شناسیم
گرد و غبار فسفرین میان تاریکی‌ها

کتاب‌ها در خاک فرو رفته‌اند
کلمات به سختی خوانده می‌شوند
عطف کتاب و سطرها چرکین شده

مدت‌ها پیش از آن که خواندن بدانم
چون نرگس‌ها در آب بودیم

دریاچه دور بود دور از خانه   آنجا که توانستیم ناخواسته هم را در بر بگیریم
پس از هم‌آغوشی به اتاق پناه آوردیم   در بسته شد

می‌خواستم بر تن لغت‌نامه‌ها دست بکشم
اما آن‌ها با شتاب کجا رفتند؟
ایستادم همانجا  تنها  با دیوارها
تنها   با سنگ‌ها
ستارگان میان ما راهرو را روشن نمی‌کردند
دوباره از اتاق بیرون زدم
به جستجوی تو
همچنان خواهم رفت
و اتاق به جا خواهد ماند

## DIE MÖWE

Ich gehorche dem Gebot der Stunde und hebe von der Reling ab, als das Schiff zu weit hinausgelangt; ich fliege in einer geraden Linie zum Ufer zurück. Die Wellen brechen am Strand; Wolken regulieren die Intensität des Lichts. In den Scheiben des großen Gebäudes spiegelt sich die Unruhe des Wassers. Bei Menschen gibt es ein Drinnen und ein Draußen; sie tun dort das Gleiche, sitzen an Tischen. Ich, die ich draußen bevorzuge wie alle meiner Art, lasse mich auf einer Stuhlkante nieder. Sieh mal, eine Möwe, sagt jemand. Ein Spiegelbild löst sich aus dem gläsernen Rahmen und kommt, mit den Händen wild in die Luft schlagend, auf mich zu.
Das Meer ist so ein Ort, an dessen Rändern Seltsames geschieht. Dabei gibt es doch nur diese eine atmende Welt, die sich um die eigene Achse dreht. Ich erhebe mich wieder in die Lüfte. Das Schiff ist ein ganzes Stück weiter gekommen.

## مرغ دریایی

به فرمان ساعت پرواز می‌کنم و از نرده‌ی کشتی پر می‌کشم، وقتی که کشتی به دوردست می‌رود. به سمت ساحل پرواز می‌کنم. موج‌ها برساحل درهم می‌شکنند. ابرها شدت نور را تنظیم می‌کنند. بر شیشه‌های عمارت بزرگ، بی‌قراری آب منعکس می‌شود. آدم‌ها اینجا و آنجا، بیرون و درون پراکنده‌اند. همه یک کار می‌کنند. پشت میزها می‌نشینند. من از آن بیرون را دوست‌تر دارم. مثل تمام مرغان دریایی. بر پشتی یک صندلی می‌نشینم. نگاه کن، یک مرغ دریایی. صدایی می‌گوید. تصویری از قاب‌های شیشه‌ای جدا می‌شود و به سمت من می‌آید، با تکان دادن وحشی دست‌ها. می‌پراند مرا از ساحل. دریا این‌گونه است. در گوشه‌هایش اتفاق‌های عجیب می‌افتد. در این میان آن‌چه هست جهانی‌ست تپنده که بر محور خویش می‌چرخد. دگرباره به سینه‌ی آسمان پر می‌کشم. کشتی دور و دروتر شده است.

## DER WALD

Durch die Birkenwälder streift schon lange
kein Wolf mehr; das Rudel lebt in der Nähe der Stadt.

Himmel gähnt verträumt, bildet Nebelglocken, Schirme
über den Kronen, weit über
dem Boden, der Wurzeln beheimatet.

Lebensläufe von gleicher Dramatik
wie eure, nur eben in
gedehnter Zeit.
Pflanzen sind langsamer:
*schießen* nur in falsch abstrakten Sprachen *Richtung Licht,*
Die Wahrheit ist: ruhige Ausdehnung; Streben hoch zur Ewigkeit.

Es wäre klüger von euch,
nicht zu glauben,
dieser Grund könne gekauft
werden, gehöre euch. Oder sonst wem.
Immer noch sind Tag und Nacht die Besitzer, Regen und Licht.
Die Sonne gibt Tageskommandos, Interpretation erst bewirkt
die Illusion klarer Verhältnisse. In kleiner Dosierung macht Mond
das Fortgehen schwer.

## جنگل

در جنگل‌های غان دیگر گرگی پرسه نمی‌زند
گله کنار شهر چرا می‌کند
آسمانِ رویازده دهان‌دره می‌کند
آوای زنگوله‌ها مه را شکل می‌دهد

چترهایی بر فراز درخت‌ها، بالای بالا، به ریشه‌ها پناه داده‌اند
زندگی‌نامه‌هایی با درامی مشابه شما
همانند زندگی شما
تنها کش آمده در زمان و گسترده شده

گیاهان آهسته‌ترند:
تنها در زیانی به اشتباه تجریدی شده به سمت نور شلیک می‌کنند
حقیقت این است: گسترشی آرام و رویشی مدام به سوی جاودانگی

هوش‌مندانه است کار شما
باور نمی‌کنید
این زمینی که می‌توانید بخرید
هم اکنون متعلق به شماست یا هر کسی
هنوز روز و شب مالک آن هستند، باران و نور
آفتاب فرمان روز را می‌دهد
تفسیر، وقتی اثر می‌گذارد که توهمِ مناسباتِ روشن وجود داشته باشد
ماه با دوز کم
پیش‌روی را دشوار می‌کند

## SARA MOHAMMADI ARDEHALI

Silke, mit einer ganz anderen Herkunft, Geschichte und Sprache als ich, sitzt mir gegenüber. Ich lebe an der Seidenstraße und habe das Gefühl festzustecken. Ich achte auf Wörter, Laute und die Art und Weise, wie sie die Wörter ausspricht. Wie sie ihr Gedicht rezitiert: unabhängig und ungerührt. Die deutsche gegenüber der persischen Sprache mit gemeinsamen, alten Wurzeln; wo ist nun die Gemeinsamkeit zwischen ihr und mir? Baum, Wald, Möwe und Rückkehr.

Im Gegensatz zu meiner Sprache, in der eine Frau eingesperrt ist, sitzt in der ihren keine Ertrinkende fest, die mit Händen und Füßen um ihr Leben ringt. Ich mag es, ihre Stimme zu hören; die deutsche Sprache zu lernen. Ich möchte ihre Welt erkunden, möchte jene Wörter in ihrer ganzen Tiefe spüren: unabhängig und ungerührt. Die Frau in mir will all dies und mit allen seinen Wurzeln. Wonach aber sucht Silkes Lyrik? Den ganzen Rückflug nach Teheran über und immer wieder, wenn ich in den Straßen meiner Stadt unterwegs bin, kreisen meine Gedanken um diese Frage.


## SILKE SCHEUERMANN

Wenn ich über-setze, befinde ich mich in einem Boot zum gegenüberliegenden Ufer, wo das Land ein völlig anderes ist, spannend und geheimnisvoll. Ich schippere mehrmals täglich hin und her und verstehe immer besser, was da an Ähnlichkeiten und Unterschieden aufzuspüren ist.

**سارا محمدی اردهالی**

زیلکه با اجداد و تاریخ و زبانی دیگر روبه‌روی من نشسته است. من آدم جاده‌ی ابریشمم که اکنون در همان جاده‌ی قدیمی گیر افتاده‌ام. به کلمات، به صداها، به مدل تلفظ کردن زیلکه توجه می‌کنم. طوری که شعرش را می‌خواند: مستقل و بی‌اعتنا. زبان آلمانی در برابر زبان فارسی با ریشه‌هایی مشترک و کهن؛ اکنون اشتراک من و او کجاست؟ درخت، جنگل، مرغ دریایی و بازگشت. در زبان او زنی دست و پا نمی‌زند ولی در زبان من زنی زندانی‌ست. دوست دارم به صدایش گوش دهم؛ زبان آلمانی را یاد بگیرم. دوست دارم به دنیایش دست یابم، دلم می‌خواهد آن کلمات را از اعماق حس کنم: مستقل و بی‌اعتنا. زن درون من این همه را با تمام ریشه‌هایش می‌خواهد. اما شعر زیلکه چه چیزی را جستجو می‌کند؟ تمام راه بازگشت به تهران و تمام روزهایی که در خیابان‌های شهرم راه می‌روم ذهنم درگیر است.

## زیلکه شویرمان

وقتی (چیزی را) بر‌می‌گردانم، خودم را درون قایقی می‌یابم روان به ساحل آن سو، جایی که خشکی از بن و بیخ متفاوت است، هیجان انگیز و پررمز و راز. هر روز بارها به این سو و آن سو می‌رانم، و مدام بهتر از قبل چیزهایی را درمی‌یابم که از رهگذر شباهت‌ها و تمایزات به چنگ آمدنی می‌شوند.

{ مریم فتحی · ماکس چولک

{ میانجی زبانی
{ ثریا آدمبکان

{ MARYAM FATHIE · MAX CZOLLEK

{ Sprachmittlerin
  Soraya Adambakan

## MORGENGEBET

Der Tag
beginnt im Schuhschrank
und wird im Schuhschrank enden

Ich
beginne mit meiner Haarklammer
und werde mit meiner Haarklammer enden

In der Straße voller Menschen
wird meine Kleidung mich beschützen

Amen

## دعای صبح

روز
از جاکفشی آغاز می شود
و به جاکفشی ختم خواهد شد.
من
از گیره ی موهایم آغاز می شوم
و به گیره ی موهایم ختم خواهم شد.
و در خیابان
لباس هایم از من محافظت خواهند کرد
آمین.

## TAG OHNE DATUM

Tag, der von allein vorüberstreift
mit Bettlern, die ein bisschen blind
und Tannen, die ein bisschen schief sind

In den Ablaufrinnen
schlagen Krähen mit ihren Flügeln
und die Fahrer rasen
mit Sicherheitsgurten
am Tag vorbei

Am Scheideweg
hat die Frau ihren Einkaufskorb abgestellt
denkt an Milch
und dass eine Schlange
die Summe individueller Vorsätze ist


So ein Tag
von dem keine Erinnerung bleibt
bloß diese Notiz
im Kalender vielleicht:
„ein titelloser Tag
an dem weder ein Erdbeben kam
noch die amerikanische Armee"

## روزِ بی تقویم

روز خودش را ادامه می دهد
با گداهایی, که کمی کورند
و کاج هایی، که کمی کج

در جوی آب
کلاغ ها بال هاشان را می تکانند
و راننده ها ـ با کمربندهای ایمنی ـ
به سرعت می گذرند
از کنار روز

بر سر دوراهی
زن زنبیلش را زمین گذاشته
به شیر می اندیشد
و صفی که امروز
طولانی ست.

روزی چنین را
هیچ کس بخاطر نخواهد سپرد
شاید بعدها
در تقویم بنویسند:
"روزی گمنام
که در آن نه زلزله آمد
نه ارتش آمریکا."

## ICH DENKE ANS MEER

Der Frühling kam
mit dem Gras
das dir das Blut aussaugte

Weder staunte der Mond
noch fielen die Sterne
als ich den Garten
nach Kleiderknöpfen abtastete
dein Mund schmeckte erdig

Weht der Wind
denke ich an die See
die See
die die aufgedunsenen Männer
auf ihren Schultern trägt
und trotz der ewigen Peristaltik
nicht einmal
die kleinen Fische verdaut

## "به دریا فکر می کنم"

بهار آمد
با سبزه هایی
که خون تو را مکیدند.


نه ماه حیرت کرد،
نه ستاره ها افتادند
وقتی توی باغچه
دنبال دکمه های پیراهنم می گشتم.
دهانت
طعم خاک می داد.


باد می اید.
به دریا فکر میکنم
به دریا
که باد کرده ترین مردها را
روی شانه نگه می دارد
و با همه ی گرسنگی
به ماهی ها
لب نمی زند.

## EIN VERTRÄUMTER HOCHHACKIGER SCHUH

Zigarettenstummel, ein Zeitungsfetzen und Wind
wehen aus der Richtung des Abends
ein Fensterflügel öffnet sich
niemand ist da
alle sind fortgegangen
Luft hat ihren Platz eingenommen
Ich?
Ich bin ein verträumter hochhackiger Schuh
in Gedanken bei meinem Zwillingspump
durchstreife ich ziellos
die leeren Straßen

## یک لنگه کفشِ پاشنه بلندِ خیالاتی

ته سیگار، تکه ای روزنامه و باد
از سمت عصر می وزند
لَت پنجره ای باز می شود
هیچ کس نیست
همه رفته اند
جایشان را هوا پر کرده است.
من؟
من یک لنگه کفش پاشنه بلند خیالاتی ام،
به هوای لنگه ی دیگرم
در خیابان های خالی
پرسه می زنم.

## IN TEHERAN IST ES NACHT GEWORDEN

Das Geländer unseres aufrechten Zustands
von den Treppenhäusern abmontiert
nach vierzehn Etagen
erreicht der Fahrstuhl die Wüste
nach einigen Jahren
das Freudenhaus den Friedhof
Ziegel für Ziegel
sind wir zusammengesackt
Wohin stürzen diese Brücken?
Wohin führt diese Straße?
Wissen denn Zebrastreifen wie befreiend es ist, das eigene Leben zu
riskieren?
Zebrastreifen zweifeln nicht
gehen ergeben und aufrecht wie Tagarbeiter
die Gerüste an den Ecken des Himmels befestigen
ergeben und ewig wie Gebäude, die von Beginn an zum Rückbau neigen
ergeben wie diese Laterne
in einer Seitenstraße der Stadt
zieht eine Hand den Vorhang vor das Fenster
In Teheran ist es Nacht geworden
man hat uns in unsere Unterwäsche verbannt

## تهران شب شده است

دستگیره های ایستادن مان را
از پاگردها برداشته اند
آسانسور بعد از چهارده طبقه
به بیابان می رسد
مهمانخانه بعد از چند سال
به گورستان
آجر به آجر فرو رفته ایم
این پل ها کجا می ریزند؟
این خیابان کجا می رود؟
خط کشی ها می دانند که چه لذتی دارد روی مرگ راه رفتن؟
خط کشی ها که دل دل نمی کنند
راست و سر به زیر می روند مثل کارگرهای هر روز
که داربست ها را به گوشه ی آسمان می بندند
سر به زیر و جاودان مثل ساختمان های رو به ویرانی
سر به زیر مثل این تیر چراغ برق،
توی یکی از خیابان های فرعی شهر
که پرده ی خانه ای می افتد
تهران شب شده است
ما را به لباس های زیرِمان تبعید کرده اند.

## NACHTGEBET

Bring mich
mit diesem schwindenden Körper
diesem grauen Zopf
in den Leib meiner Mutter
damit ich an meinem Daumen sauge
an meiner Hand sauge
meine Nabelschnur zerreiße
sie aussauge
gib mir
meinen saugenden Mund zurück
mich selbst auszusaugen

Amen

## دعاي شب

مرا
با این تن رفته     گیس سفید
به بطن مادرم بازگردان
تا انگشت شستم را بمکم
دستم را بمکم
بند نافم را پاره کنم ـ
تا ته بمکم
دهان سرخ مکنده‌ام را به من بازگردان
تا خودم را بمکم

آمین.

} ماکس چولک · مریم فتحی

} میانجی زبانی
{ ثریا آدمبکان

{ MAX CZOLLEK · MARYAM FATHIE

{ Sprachmittlerin
Soraya Adambakan

## AUSSCHREIBUNG ZUM FAMILIENFEST

–

ich wende mich an diejenigen
die gebrauchte zahnbürsten kaufen
für den bürgersteig und merken
die arbeit ist bereits getan

die an regenschirme glauben
auch bei bombenwetter
und werden vom schweiß ganz nass

die einen bauchschuss vortäuschen
um durch die musterung zu kommen
und dabei so überzeugend sind
dass sie verbluten

die sich freuten
würden fremde ihr gesicht besetzen
ohne erst um erlaubnis zu bitten

## آگهی برای جشن خانوادگی

روی سخنم با آن‌هاست
که مسواک‌های مستعمل می‌خرند
برای برق‌انداختن پیاده‌روها و نمی‌دانند
که دیگر کار اجباری به پایان رسیده

آن‌هایی که ایمان دارند به چتر
حتی در هوای بسیار عالی
که تَر می‌شوند از شدت تعرق

آن‌ها که تظاهر می‌کنند شلیک شده به شکم‌شان
تا سرافراز درآیند از آزمون ورودی نظامِ
در عین حال طوری باور میکنند آن‌را
که گویی دارد می‌ریزد خون‌شان

آن‌هایی که شادماناند
از اشغال صورت‌شان به دست بیگانگان
بی گرفتن حتی اجازه‌ای

–

ich wende mich an diejenigen
die als väter auszogen
und zurückkehrten als söhne

die im lidl standen und glaubten
es sei zeit zu den waffeln zu greifen

die in der morgendämmerung
eine tür eintraten
und sich anschließend entschuldigten

die sich auf keinen fall
lebendig fangen lassen, deren blutkörper
kugelsichere westen tragen

روی سخنم با آنهاست
که در هیأتِ پدران کوچیدند
و در کسوت پسران برگشتند

با آنهایی که بودند در لیدِل
و فکر می‌کردند دیگر وقتش رسیده چنگ بزنند به شیرینیهای وافِل

با آنها که چون مأموران اعدام در گرگ و میش صبح
درِ بسته را می شکستند وارد می‌شدند
و بلافاصله عذرخواهی می‌کردند

آنها که هرگز
نمی‌گذارند زنده به چنگشان آورند، و جلیقه‌ی ضدگلوله می‌پوشانند
به گلبولهای خون‌شان

–

ich wende mich an die letzten minuten
auf der wilhelm gustloff, an die brennende heimat

ich wende mich an diejenigen
die die zündschnur nicht bemerken
die von den worten in die vergangenheit reicht

die mit einem stuhlbein auf der ostsee treiben
die im tauwasser der eisberge geweihten

die nach der sturmflut hühnergötter suchen
und bernstein, die in erdgeschichte bewanderten
die immer seetang finden und keine haare

به آخرین دقایق اسرا
در کشتی ویلهلم گوستلوف، به وطن سوزان

روی سخنم با آن‌هاست،
که التفاتی ندارند به آن فتیله‌ی دینامیت
که با شعله‌ی خُردش واژه‌ها را به گذشته می رسانند

آن‌ها که آویخته به یک پایه‌ی میز آواره اند در دریای بالتیک
که در آب مذاب کوه‌های یخ تطهیر می‌شوند

آن‌ها که بعد از خیزاب توفان‌ها سنگ‌های بلورین را می‌جویند،
بی‌خبر از آنکه سنگ‌ها، تاریخ زمین را جابه‌جا می‌کنند
آن‌ها که بر جلبک دریایی دست می کشند و نمی دانند که موی آدمیست

–

ich wende mich an diejenigen
die im fischmarkt einen aal ersteigern
ihn wieder in die elbe schmeißen
denen sonst nichts einfällt
zum thema freiheit

die hollywoodschaukeln besitzen
und genügend aufgänge
ein leben treppen zu steigen

die ihre hände strecken zur kapitulation
und dabei behaupten
sie würden nach sternen greifen

die nordsee für ein geräusch halten
die sich eine flasche
auf die augen drücken
die den einsatz verdoppeln
aussteigen, ohne ihr blatt zu zeigen

آنهایی که
گرانتر می‌خرند مارماهی را در بازار
و دوباره می‌اندازند توی رود، ماهی مرده را
آنها که از مفهوم آزادی،جز این
چیزی نمی دانند

مالکان ننوهای تجملی هالیوود
که آنقدری از طلوع نصیبشان می شود
تا از پله‌های یک زندگی بالا بروند

آنها که دستهاشان را بالا می‌برند به نشانه‌ی تسلیم
در آن حال که وانمود میکنند
دارند به ستاره ها چنگ میزنند

آنها که دریا را همهمه‌ای گنگ می‌انگارند
آنها که دنیا را از سوراخ یک بطری تماشا می کنند
آنها که دویل را بلوف می‌زنند و پارُل می‌دهند
بی‌آن که ورق‌های دستشان را رو کنند

–

ich wende mich an diejenigen
die keine lastwagen an der ampel sehen
sondern deutsche in osteuropa

die keine flugzeuge am himmel
ohne new york, damaskus, kabul, caracas
seoul, ramallah, belgrad, tel aviv, heiligendamm

ich wende mich an diejenigen
die im schatten der giganten marschieren
denen angenehm kühl ist dabei

an jene in geliehenen anzügen
in ubahnen, schauläden, leeren gläsern
in himmelbetten, bester erinnerung
in meinen gebeten

روی سخنم با آن‌هاست که پشت چراغ قرمز
به جای کامیون‌های باری، کوره‌های آدم‌سوزی روان می‌بینند
آلمانی‌هایی را می‌بینند گسترده بر پهنه‌ی اروپا

و آن‌ها که عبور هر هواپیما از آسمان
چیزی نیست برایشان جز تداعی نیویورک، دمشق، کابل، کاراکاس
سئول، راما‌الله، بلگراد، تل‌آویو، هَایلینگدام

روی سخنم با آن‌هایی‌ست
که سایه‌نشین غول‌های قدرت‌اند
و پناه می‌گیرند در این خنکای خوشایند

آن‌هایی که با جامه‌های عاریه
در مترو‌ها، در ویترین‌ها، در گیلاس‌های خالی
در تخت‌خواب‌های مجلل، بهترین خاطره‌ اند
لابه‌لای دعاهای من

–

ich wende mich an die zugvögel
denen ich glauben schenken möchte
von ganzem herzen

an die tanzenden, ich versuche sie
mir in die dämmerung zu stellen, mit ihren
beinen aus carbon

ich wende mich an die adern
meines schläfendeltas, deren verlauf ich
im kalklicht der besuchertoilette einer gedenkstätte
zu orten versuche

und dabei merke, dass ich bereits alles
wieder vergessen habe

روی سخنم با پرندگان مهاجری‌ست
که دلم می‌خواهد باورشان کنم
از صمیم قلب خویش

با رقصندگان، که می‌کوشم
تجسم‌شان کنم در ذهن خویش، هنگام گرگ و میش
با ساق‌هایی از کرین

روی سخنم با رگ‌های
دلتای شقیقه‌ی خودم است، که من ردّ جریانشان را
در نور مهتابی مستراح مقابر
در اماکن «مشَخص» جستجو می‌کنم

آنگاه که درمی‌یابم باز همه‌چیز را
از یاد برده‌ام

–

ich wende mich an diejenigen
die schon immer mal lucky strikes
an einer tankstelle rauchen wollten

die sich bärte wachsen lassen
um dahinter ihre zähne zu verstecken
die keine angst mehr haben vor den ärzten

eine geheimwaffe erfinden
und die baupläne auf dem weg zum treffpunkt
unter ihrer sitzbank vergessen

wende mich an diejenigen
die gürtel besitzen für ihren bauch
und einen koffer für stark frequentierte orte
hauptbahnhöfe, große freiheit, stelenfeld

روی سخنم با آنهایی‌ست که
خوش دارند جنب یک پمپ بنزین
سیگار لاکی استریک دود کنند

آنها که سبیل بلند می‌کنند
تا دندان‌های طلاشان را پشتش پنهان کنند
آنها که دیگر هراسی ندارند از پزشک‌نماها

آنها که سلاحی سری اختراع می‌کنند
و جا می‌گذارند نقشه ساختنش را
در کوپه قطار

روی سخنم با آنهایی‌ست که
کمربندی دارند برای دور شکمشان
و چمدانی برای اماکن پرازدحام
ایستگاه‌های قطار اصلی، میدان آزادی، اشتلنفلد

–

ich wende mich an diejenigen
die keine albträume haben
denen die welt auch so eine kugel gibt

deren geballte faust die eigenen
finger bricht, die im schlaf
schon über dachkanten hinaus

ich wende mich an diejenigen
unter birkengestöber
für die es im frühjahr schon schneit

die schulen besetzen
weil sie nicht mehr weiterkönnen
die in meiner scheiße waten
die ich vergessen habe

با آن‌ها
که دیگر به هیچ بختکی ندارند حاجت
چرا که دنیا برایشان بختک است به حد کفایت

که مشت گره کرده شان را انگشتهای خودشان
می شکند،آنها که در خواب
از لب بامها می پرند

روی سخنم با آن‌هایی‌ست
که بارش شکوفه‌های رقصان انگار
برایشان برف می‌باراند در ابتدای بهار

با آن مهاجرانی که مدرسه‌ای را اشغال می‌کنند
چرا که جز این کار دیگری نمی‌توانند
آن‌ها که در تقلایند میان گندابی که من ساخته‌ام
و به دست فراموشی سپرده‌ام

–

ich wende mich an diejenigen
deren auszug für heute geplant ist
die wissen, wo sie ihre bücher lassen

die lieder kennen
von denen keiner mehr sagen will
er habe sie vorher nicht gemocht

an diejenigen, die erdfrüchte
in salzwasser tunken, die fröhlich sind
und wissen, es ist doch ohne grund

die den göttern ihre erwartungen opfern
die nur noch lyrik verstehen und sonst nichts

روی سخنم با آنهایی‌ست
که روز هجرت شان امروز است
و می‌دانند کتاب‌هایشان را کجا مخفی کنند
از گزند کتاب‌سوزان

آنهایی که ترانه‌هایی عبری را بلدند
ترانه هایی، که دیگر میلی ندارند اقرار کنند
پیشتر هم دوستشان نداشته‌اند

آنهایی که به رسم یهودان در جشن
میوه‌ها را می‌خیسانند در آب نمک، آنها که شادمانند
و خود می‌دانند، که دلیلی برای شادمانی ندارند

آنهایی که آرزوهاشان را قربانی خدایان می‌کنند
آنهایی که تنها شعر می‌فهمند و دیگر هیچ

–

schließlich wende ich mich an diejenigen
die glauben, nachts warten die leeren spiegel
auf ihr verlassenes gesicht

diejenigen, die die verweinten augen
ihrer eltern vergruben und dabei unheilbar waren
wie himmel am abend

diejenigen, die sind wie die schwalben
die schlafen im flug

die am ende vom himmel fallen
ohne viel geschrei

و عاقبت روی سخنم با همان‌هاست
که باور دارند شب‌ها آیینه‌های خالی
چشم‌انتظار چهره‌ی متروکشان است

با آن‌ها که با جراحات بسیار
چشم‌های سرخ از گریه‌ی والدینشان را دفن می‌کردند
چنان که آسمان در غروب چنین می‌کند

با آن‌ها که مانند پرستوها
حین پرواز می‌خوابند

آن‌ها که می‌افتند عاقبت از آسمان
بی هیچ فریادی.

**MARYAM FATHIE**

VERSschmuggel war eine neue und unvergessliche Erfahrung für mich. Die sprachlichen Unterschiede und vielfältigen intertextuellen Bezüge in den Gedichten erschwerten uns zwar, deren Sinn wiederzugeben, zugleich schafften aber genau diese „Gedichte" – mit all ihren strukturellen und semantischen Unterschieden – jene gemeinsame Basis, die nötig war, um die Ideen und Arbeitstechniken des Anderen kennenzulernen, zu verstehen und überhaupt Zugang zur Geisteswelt des Gegenübers zu erhalten. Ohne die Geduld und Aufgeschlossenheit auf beiden Seiten wäre dies nicht möglich gewesen – ein weiterer schöner und unvergesslicher Aspekt des *gemeinsamen* Arbeitens.

**MAX CZOLLEK**

Interlinearübersetzen entspricht dem viel bemühten Bild der Schiffsfahrt insofern, als dass auch hier Flüssigkeiten eine wichtige Rolle spielen. Im Fall der lyrischen Dreiecksbeziehung mit der Lyrikerin Maryam Fathi und der Übersetzerin Soraya Adambakan handelte es sich bei der Flüssigkeit um Kaffee und Apfelsaft. Denn unsere Übersetzungsgaleere beherbergte zugleich die Thermoskannen, was selbstverständlich die anderen Schmuggler anzog, die uns im Gegenzug immer wieder unterstützten: Wie sagt man „sich die Kugel geben" auf Farsi? Saßen Maryam, Soraya und ich bei der Übersetzung an den Rudern, ist das Ergebnis also auch ein kollektiver Transfer. Auf einem See aus Kaffee und Apfelsaft.

**مریم فتحی**

کل این برنامه برای من یک تجربه‌ی متفاوت و به یاد ماندنیست. گرچه، به دلیل تفاوتهای زبانی و اشارات بینامتنی شعرها مطمئنا ترجمه شان برای ما کار آسانی نبود، اما همین "شعرها" با تمام تفاوتهای ساختاری و معنایی خود فصل مشترکی شدند تا ما با ایده ها و شگردهای کار یکدیگر بهتر آشنا شویم و به درک متقابل از همدیگر و از جهان ذهنی هم برسیم. البته این کار جز با حوصله و مهر امکانپذیر نبود، این هم یکی دیگر از جنبه های زیبا و به یاد ماندنی همکاری و "کار مشترک" است.


**ماکس چولک**

برگردان بیناسطری، کم و بیش با انگاره‌ی بسیار پرزحمت کشتیرانی به نحوی همپوشانی پیدا می کند، و چنان که می دانیم در کشتیرانی، مایعات نقش مهمی دارد. باری، در ارتباط شعری سه جانبه من با مریم فتحی شاعر و ثریا آدمبکان مترجم، مایعی که نقش بازی می کرد، و بر فراز پارو می زدیم قهوه بود. گوشه اتاقی که ما با هم کار می کردیم، چند فلاسک قهوه گذاشته بودند، از این رو مدام گذارهمکاران دیگر و شاعران گروه به آنجا می افتاد، و آنها هم در حرکتی متقابل، همیشه از حمایت مان دریغ نمی کردند، مثلاً وقتی می پرسیدیم: "خود را به گلوله دادن" به فارسی چه می شود؟ از آنجا که مریم، ثریا و من، موقع ترجمه با هم پشت قایق پارویی می نشستیم، نتیجه ی کار هم، طبعاً یک محموله ی جمعی از آب در آمده است.

{ مظاهر شهامت · میشائیل دونهاوزر

{ میانجی زبانی
{ فرهاد احمدخان

{ MAZAHER SHAHAMAT · MICHAEL DONHAUSER

{ Sprachmittler
  Farhad Ahmadkhan

1.


Das Gestrüpp in aufrührerischen Zeilen
hatte der Wind gezaust
abgeschwemmt den Verputz
hatte das Fallen des Regens
Angekettet am öden Einsilber Bank
ein Hund
bellt an den silbernen Mond
und der Schlaf der Frau sickert
durch die Körperschichten des Mannes
Das Meer
singt aus dem hölzernen Mund eines Bootes
und die vom Krieg verwüstete Küstenstadt
reiht Wort um Wort der Vernichtung aneinander

(۱)

از بوته زار سطرهای عاصی
گذشته بود باد
و بارانی که بارید
خاصیتی از فرسودگی داشت
سگی
بسته شده
به واژه خالی نیمکت
واق می زند به نقره ماه
خواب زن فرو می لغزد به سطوح اندام مرد
دریا
از دهان چوبی قایق آواز می خواند
و شهر ساحلی جنگزده
هنوز کلمات بسیاری از ویرانی را دارد.

2.

Finger an mir
Willkür an meinen Händen
meine genannt vor allem Nennen
vor den Bäumen als Bäume und ihrem Stehen am Fluss
dem Stehen einer vielfingrigen Frau
den Fingerspuren an ihren Brüsten eines Gottes mit dem Haar
verfangen im Wasser, am Stern, dem kantigen Himmel
vor den Augen, die ein Pferd schwarz nur kannten
vor dem Hund, der stierte in die Augen der Frau
vor dem Stehen angesichts eines Stehens
Manchmal werden sie Hunde
in entlegenen Straßen
verlassen aus Angst vor dem Angsthaben
vor dem Versteckbaren der Angst
verlassen wegen der Kaltschnäuzigkeit mächtiger Männer
der sich ausbreitenden Eiseskälte aus ihrem breiten Mund
wenn Worte wie Blitze Peitschenhieben gleich zucken am Himmel
Hey, wo kommst du eben her?
Du bist eine Erhebung der Erde
warum machst du dich zur Grube
tief und tiefer noch zu einem Loch für so viele Tote und Knochen
bläulich schimmernd
geschwärzt von den Nächten der Abtrünnigkeit
verdächtig im Schein des Mondes und der Sterne
und der Monate, gehärtet vom Alter
Doch nun machen sie sich auf
kauen und zerren an jedem Seil
nun werden sie durchtriebene Diebe
kennen die Riegel zur Erde besser als Götter
verstehen ganz und gar im Sinne einer Evidenz
dass der Schlund des Steins offener ist als jener der Dunkelheit
und sagt: erkenne dich
seht ihr?

(۲)

انگشتان همراه من
خروج کردگان از دست های من
که دست های من نامیده شده اند حتی پیشتر از نامیده شدن
پیش از ایستادن درختان
پیش از ایستادن درختان در کنار یک رود
در کنار زنی با انگشتان بسیار
در کنار زنی با پستان هایی پر از رد انگشتان خدایی با موهای بسیار بلند
موهای پیچیده به آب و ستاره و گوشه های تیز آسمان
پیش از ایستادنشان در منظر مردی که اسب را سیاه می شناخت
پیش از ایستادن در برابر ایستادن یک سگ خیره شده به چشم های یک زن
پیش از ایستادن در برابر ایستادن یک مرد ایستاده در برابر یک مرد
پیش از هر ایستادنی در برابر ایستادنی و ایستادنی در برابر ایستادنی و هر ایستادنی
گاهی سگ می شوند
و در خیابان متروک
در خیابان متروک از ترس
از ترسیدن
از ترسیدن پنهان شده
از ترسیدن پنهان کردنی
متروک از سرمای کلمات مردان بزرگ
از یخ زدگی ترساندنی از پهنای سمی کلمات بزرگ از دهان وسیع مردان بزرگ
از صاعقه شدگی کلماتی از تازیانه شدگی کلماتی دیگر در آسمان هی بیا کنجت کجاست
از برآمدگی زمینی تو چرا عمیق می شوی چاه به چاه
و هی مرده می بلعی با استخوان های بسیار
با استخوان های کبود شده بسیار
با استخوان های سیاه شده از شب های عاصی شده بسیار
حتی متروک از تابش مشکوک ماه ها و ستاره هایی از جنس اندوه سخت شده از کهنسالی
راه می افتند
و هر طنابی را به دندان می کشند می جوند
تازه این بار می شوند مثل دزدان حرفه ایی که قفل دهان زمین را بهتر از خدایان می
شناسند
و به شکل کاملا فلسفی می فهمند
که گلوی سنگ
از دهان تاریکی فراختر مانده است که آدمی را به مکاشفه خود بازخواند
می بینید ؟

Finger an mir
Willkür an meinen Händen
strömen durch das Schilfrohr der Flöte
durch die Menge von Wörtern wie Wasser
lösen das Rätsel der Sucht mit der Schärfe von Zähnen
passt auf
manchmal packt sie die Lust auf eine Kehle
sehe ich in jedem Finger schon zucken
die nahe Katastrophe

انگشتان همراه من
خروج کردگان از دست های من
حتی از جدار نی و کلماتی با قواره وسیع با توانی سیال می گذرند
و مشکل معنای وابستگی را با دندان های تیز حل می کنند
لطفا مراقب باشید
گاهی دیوانه وار علاقه شدیدی هم به گلوی انسان پیدا می کنند
و این گونه است
خود من هر انگشتی را اشاره ایی می بینم
به آغاز احتمالی فاجعه ایی که پنهان مانده است .

3.

Viele Kriege wurden geführt
während ich fünfzig Jahre lang schlief
dies
verraten die Granatapfelkerne
die deine Finger rot gefärbt
die Schüssel bis zum Überquellen gefüllt haben
Ich bin den Tod deines Fernseins gestorben
jährlich
und jedes Mal
hat meinen leeren Schädel
ein Hund ausgeleckt
der zuvor
in Gestalt des Todes
aus regnerischen Tagen
aufgetaucht war

(۳)

جنگ های زیادی اتفاق افتاده است
وقتی من خواب بوده ام
این
از دانه هایی اناری پیداست
که انگشتان تو را رنگین
و کاسه را سرریز کرده است
پس
من پنجاه سال دوری از تو را
یک به یک کشته شده ام
و هر بار
جمجمه خالی ام را
سگی لیسیده است
که پیشتر
به شکل مرگ
از روزهای بارانی آمده است !

4.

Nicht das Gewehr
nicht die Kugel
die Sekunde des Schusses bin ich
riech doch die Metapher
das Ich an jeder Ecke
wie es Blut tropft

(٤)


نه تفنگ
نه گلوله
خود واقعیت شلیک هستم
بو کن استعاره مرا
که در هر جانب
شبیه خون می چکم.

5.

Reyan!
Du stehst
mit entblößten Brüsten
an den Fernstraßen
die Farbe welcher Jahreszeit noch soll durch deine alten Adern fließen?

Ich floh das Getöse der Lichter und Mauern
das Immergleiche der Häuser und Straßen
den leeren Blick all der Rastlosen
sitze nun hinter einer Böschung
zähle meine Finger, mich mit, komme auf elf
Dich zähle ich an meinen Fingern auf
zähle mein Zählen mit
und der Mondschein legt sich auf meinen Nacken

Es wird eine Frau vorübergehn
mit entblößten Brüsten
sie zieht die Schlaufen der Wege
hinter sich her
berührt das Gras
und der Mondschein legt sich auf ihren Nacken

Der Klang vom Daff trommelt beim Untergang des Mondes
während du tanzt wie das Gras
bewegt von einem trunkenen Luftzug
Sieh, meine Finger haben noch nicht zu Ende gezählt
und mit dem Buchstabieren bin ich noch nicht fertig:
Dein Name ist endlos wie ein Psalm

(۵)

ریحان !
تو هنوز
سینه عریان
در شاهراه ها ایستاده یی
که رنگ کدام فصل از مسیر رگهایت گیج بگذرد ؟

از هیاهوی چراغ و سنگ گریخته ام
از تکرار اندازه خانه و خیابان
حتی
از خیرگی چشم های خالی کولیان
نشسته ام پشت علف های هرز
انگشتان دستم را یازده می شمارم دو بار تو و تنهای من
و ماه
در گردن افراشته ام می شکند

از اینجا زنی خواهد گذشت
سینه عریان
رویان راه ها را به دنبال می کشد
صدای پاهایش علف را می تکاند
و ماه
در گردن افراشته اش می شکند

صدای دف می پیچد در غیاب ماه
رقص تو و علف با نسیمی مست
سوی من نگاه نکن
هنوز شمردن انگشتهایم را تمام نکرده ام
و تلفظ حروف نامت را
که به وردی کهن می ماند

} میشائیل دونهاوزر · مظاهر شهامت

} میانجی زبانی
} فرهاد احمدخان

{ MICHAEL DONHAUSER · MAZAHER SHAHAMAT

{ Sprachmittler
Farhad Ahmadkhan

## SARGANSERLAND (AUSZUG)

Vielleicht an einem Abend, an
einem Abend spät vielleicht

Ein Glas gefüllt mit Anis und
eine Stimme, die weint

Vielleicht, dass eine Stimme
weint

Ein Glas an einem Abend spät
vielleicht

Ich gehe nicht, nicht mehr
sehr weit

Zu sehr, zu sehr, nicht mehr
zu weit

## شاید در غروبی

در غروبی دیرگاه شاید
گیلاسی پر شده از بادیان
و صدایی می گرید
شاید، صدایی می گرید
گیلاسی در غروبی دیرگاه
شاید
دیگر نمی روم، دیگر نه!
به خیلی دور
به زیاد، زیاد دور، نمی روم دیگر
به خیلی دور!

Aber wir werden
durch den Abend
ewige Gebärde
leicht bewahren
erahnte Sterne

Denn es waren
Tage im Licht
und wir lagen
gaben uns selig
fremde Namen

Nannten den Abend
nannten uns leise
werden versiegen
sanft und bleiben
wie berührt

اما ما
از دل شامگاه
حرکات ابدی را
سبک حفظ خواهیم کرد
و ستاره های فرضی را!

زیرا که روزها
در روشنایی بودند
ما دراز کشیدیم
و سرخوشانه به خودمان
نام های غریب دادیم

صدا زدیم شامگاه را
آرام صدا زدیم خود را
در خاک شدیم
ماندیم
نرم
ملموس!

Es war
es wird
und ist
und spricht

Sagt du
und lacht
vergeht
und fragt

Ob ich
verliert
und jetzt
berührt

Und still
die Hand
sagt wann
und weiß

Dass wir
verwandt
uns nah
und friert

Und lacht
und sagt
und zeigt
luzid

بود
می شود
هست
حرف می زند

می گوید: « تو !... »
می خندند
می گذرد
می پرسد

« آیا من !... »
صدای خاموش او
و حالا
لمس می کند

لمس آرام دستش
می گوید: « چه زمانی ... !»

می داند،
ما خویشاوندیم
به هم نزدیک
سردش می شود

می خندند
می گرید
اشاره می کند
می درخشد چشم هایش!

## VARIATIONEN IN PROSA (AUSZUG)

Es gab, da war der Mond ein Schein, die Stadt,
Gewölk, und kahl verzweigt stand nah ein Ast,
als beugte sich, was festlich einst, was ärmlich
nun war noch ein Glanz, der still wie Laub am
Asphalt lag, dass kühl bald stieg ein Duft von
Abschied auf und war verfrüht, war lang wie
dämmernd, war ein Ton, ein Bus bog ein mit
etwas Staub und dröhnte fern als aus der Zeit,
da alles sprach und Neigung war, wenn einsam
auch, was Leben hieß, erfüllt schien, irrte oder
doch, fremd jedem Zuspruch, Treue fand.

## واریاسیونهای منثور

شهر وجود داشت، وقتی که ماه یک پرتو بود. شهر و ابر و یک شاخه عریان در همان نزدیکی بود، که گویی آن چه زمانی باشکوه بود، اکنون خمیده بود و بی رنگ و بی نوا. اما هنوز با ته مانده ایی از درخشش. آرام و بیروح افتاده بود بر سطح آسفالت. و به زودی بویی سرد و وداع آلود برخاست. وداعی زودهنگام. وداع طولانی کشدار. وداع ، یک آوا بود. اتوبوس پیچید. برخاستن گرد و غبار در پی اش. برخاستن صدایی دورشونده. این صدا از زمانی دیگر برمی آمد. که در آن همه چیز حرف می زد وعشق و مهربانی مسلط بود. آنچه را که زندگی می نامیدند، حضور سرشار تنهایی بود. آن زندگی که به نظر خوشبخت بود. آن زندگی به بیراهه می رفت، یا شاید نه! بدون که تحسین شود، به آن وفادار می ماندند!

Wie der Wind streifte durch die Gärten, dass ihr
Blätterkleid rauschte, wenn die Quitten, bedeckt
von Flaum, reif und voll sich zeigten, während
in den nahen Linden wogte ein helleres Wehen,
dann fiel in die Kirschbaumreihen, deren Laub
schlaff schon hing oder bebte unter den Stößen,
bis trödelnd wieder, was war, schien, ein
Rascheln im Gezweig und in den Gräsern ein
Weichen, als wären es wir, als sänke in uns dies
Strömen und Ruhen und silbern noch wie wärmer
auch und allem zugetan.

باد چنان در میان باغ ها می پیچید، که صدای خش خش لباس برگ ها برمی خاست. وقتی که درختان به، میوه خود را پوشیده از کرک، رسیده و توپر نشان می دادند. از آن، در میان برگ های درختان زیزفون نزدیک، صدای آشکارتری برمی خاست. و بعد می افتاد در ردیف درختان گیلاس، که برگ هایشان بی رمق آویزان بود و زیر ضربات وزش آن، می لرزید. و بعد آهسته می شد باد. می شد صدای خش خشی در میان شاخه ها و موجی در میان علف ها. انگار ما بودیم، و انگار، این جریان و آرامش، در ما برجای می نشست. نقره گون و گرم و عاشق همه چیز!

Da wir träumten, da wir ahnten, und es säumten
und es waren noch die Wege, die wir nahmen, die
uns rührten wie Girlanden, da sie hingen bunt als
Lampen, und es lagen sanft die Schatten auf dem
Kies wie einst Gesichter, liebend traurig oder lachend,
dass wir folgten ihrem Wechsel, dem Vergehen
und dem Wachsen, während bald der Tag
verstummte oder hell die Glocken schlugen, die
verklangen dann wie Namen, wie die Schritte, da
ein Flüstern nahe zog durch den Holunder, duftend
noch als das Verlangen, zu ermüden an der
Schönheit wie der Anmut später Stunden.

آن گاه که رویا می دیدیم، حدس می زدیم، و همسو می رفتیم در راه هایی که پیش می رفتند. به وجد می آمدیم از حلقه های گل آذین، آنگاه که رنگارنگ در هر سو آویخته بودند به شکل چراغ ها. سایه ها بر روی ماسه، مانند چهره هایی از زمان های گذشته، لطیف و آرام، غمگین یا خندان، غنوده بودند. ما تبدیل آنها را دنبال می کردیم. سپری شدن و بالیدن شان را. آن هنگام که به زودی، روز خاموشی را برمی گزید و طنین صدای ناقوس ها برمی خاست. و سپس، آرام تر می شد مانند صدا زدن اسم ها. مانند صدای قدم زدن ها. و صدای همهمه از لابلای برگ های درختان تبریزی شنیده می شد. آنگاه که بوی برگ به مشام می رسد و میل انسان به خستگی از همه این زیبایی ها و از ساعت های دیرگاه، فزونی می گیرد.

## MAZAHER SHAHAMAT

Für mich war die Erfahrung der Interaktion in einem Lyrik-Workshop, genauer gesagt: die Erfahrung der gegenseitigen Gedicht-Entsendung (auf Deutsch und Persisch), mit Michael und dem Sprachmittler Farhad Ahmadkhan eine neue, sehr spezielle und fruchtbare Erfahrung. Wir beide konnten, ohne die Sprache des Gegenübers zu verstehen, aufgrund der Anwesenheit eines kompetenten Übersetzers gleichzeitig in zwei Sprachen dichten und in der Tat in die Poesiewelt unseres Gegenübers eintauchen, die Gedichte zusammen nachdichten. Allmählich näherten sich diese zwei ungleichen Sprachen einander, erfassten gegenseitig ihre emotionale Welt und schufen das Gedicht in der anderen Sprache aufs Neue. Diese Form der Interaktion wurde noch angenehmer und produktiver dadurch, dass Lyriker, Übersetzer und Empfänger wie drei Seiten eines Dreiecks nicht nur nebeneinander präsent waren, sondern während der Arbeit auch ihre jeweiligen Rollen und Plätze tauschten. Und so sind die fertigen Gedichte das Ergebnis vieler Mühen und Versuche, adäquate Entsprechungen zu finden; die langersehnte Ruhe konnte erst danach einkehren. Michaels Präzision und sein hohes Verantwortungsgefühl trugen viel zu unseren dynamischen und fröhlichen Gesprächen bei, in denen nicht nur Fragen aufgeworfen, sondern anschließend auch geklärt werden konnten.


## MICHAEL DONHAUSER

Es ist der Raum, der uns zur Verfügung gestellt wurde, zu einem Sprachraum geworden, denn sehr bald war es, als könnte man voneinander entfernte Kulturen in einem Zimmer zeitweilig vereinen, auch wenn die Abstände blieben, der andere Umgang mit Bildern, mit Sätzen wie Vergleichen. Was allerdings den Klang betraf, waren die Sprachen sich wunderbar einig, nämlich darin, dass ihr Klingen sie zu dem machte, was Gedicht heißen mag. Und also hörten wir und sprachen mit den Augen, da kein Wort uns gemeinsam war, und da schien es mir, als wäre das leise Knacken beim Öffnen der Pistazien jener Laut, der für die Unübersetzbarkeit einstand, sodass wir davon nicht sprachen, sondern kauten und zögerten und abwogen und wählten und sich nach und nach der Tisch mit leeren Pistazienschalen bedeckte.

## مظاهر شهامت

برای من تجربه کار کارگاهی و دقیق ترتجربه ی صدور شعر طرفین ( آلمانی و فارسی ) به همدیگر در خانه شعر برلین، در کنار میشاییل و فرهاداحمدخان مترجم و شاعر، تجربه ای بسیار تازه،خاص و پردستاورد بود. هر دو طرف بی آن که زبان هم را بلد باشیم، توانستیم به واسطه حضور مترجمی توانا، به حیطه سرایش هم زمان در دو زبان و جهان شعر و سرایش همانگاهانه اشعار همدیگر وارد شویم و در واقع اشعار خود را در زبانی دیگر همسرایی کنیم. دو زبان مختلف به تدریج همدیگر را می شناختند و بالاخره فهم و ادراک نهایی و عاطفه مند خود را در ایجاد شعر زبان اول در زبان دوم، حاصل می کردند. چنین تجربه ای مخصوصاً زمانی زیبا و دل انگیز بود که مثلث شاعر – مترجم – مخاطب، ضمن حی و حاضر بودن در کنارهم، در عمل و حین کار، مدام نقش و جایگاه خود را هم عوض می کردند. به این ترتیب اشعار نهایی، از نظر من حاصل تلاش و تلاشی و سازگاری و ناهمسازی بسیار زیادی در عمل بود، که در نهایت، به سکون و آرامش تمام شدگی کار و اثر منجر شد. دقت و مسئولیت بسیار بالای میشاییل منجر به ایجاد پرسش و پاسخ های زیاد، و در نتیجه گفت و گوی پویا و طولانی در فضایی دوستانه و شاد می شد، بیش از پیش بر غنای کار افزود.


## میشائیل دونهاوزر

اتاقی که در اختیارمان گذاشته اند، بدل شده بود به یک فضای زبانی، و خیلی زود طوری می شد که انگار می توان فرهنگهای از هم دورافتاده را توی یک اتاق، در زمانی کوتاه به هم پیوند داد، با آنکه  ما رفتار متفاوتی با تصاویر، با جمله ها و تشبیهات در پیش گرفتیم، فاصله ها اما همچنان برجا می ماندند. ولی در آنچه مریوط به طنین کلام می شد، زبانها به طرز شگفت انگیزی همآوا و یکدل شده بودند، مشخصاً در این مورد که طنین آن دو، به چیزی بدل می کردشان که می شود شعر نامیدش. پس هرگاه که هیچ کلام مشترکی میان مان نبود، به آواها گوش می سپردیم و با چشم سخن می گفتیم، و در همان لحظه به نظرم می رسید که گویی چرخ چرق آرامی که هنگام باز کردن پسته ها برمی خیزد، آوایی بود که بر ترجمه-ناپذیری مهر تایید می زد، طوری که ما دیگر از آن آوا حرفی نمی زدیم، بلکه فقط پسته می جویدیم و مردد می شدیم و سبک سنگین می کردیم و چیزی برمی گزیدیم،  رفته رفته میز جلوی ما، پر می شد از پوست پسته های میان تهی.

} ایرج ضیایی · شارلوته وارزن

} میانجی زبانی
} علیرضا شلویری

{ IRAJ ZIAEI · CHARLOTTE WARSEN

{ Sprachmittler
  Alireza Shalviri

## BAKU BAKU

Ein junger russischer Einwanderer
hängt den Ledergurt des Garmon
über seine Schulter und singt
Baku
Meine Braut wurde mir in Petrograd geraubt
Baku
Meine Braut hat man in Tschernobyl getötet
Seine Stimme
durchläuft das tschechische Kristall
die Vitrinen die Dinge und Kutschen
erreicht den Gehsteig
steht mitten im Schnee
Schnee und Klang
entfernen sich
weiter
und weiter
Dort wo der Vater mitten im Schnee mit langem Mantel
Galoschen und Garmon steht
Der Klang vergangener Tage
Baku
Meine Braut in Petrograd
Baku
Meine Braut in Tschernobyl
Baku
Baku

## باکو باکو

مهاجر جوان روس
تسمه‌ی چرمی گارمون را
بر شانه‌اش می‌آویزد و
می‌خواند
باکو
عروسم را در پطروگراد دزدیدند
باکو
عروسم را در چرنوییل کشتند
صدایش
از میان کریستال‌های چک عبور می‌کند
ویترین و اشیا و کالسکه‌ها را دور می‌زند
به پیاده‌رو می‌رسد
میان برف می‌ایستد
برف و صدا
دور می‌شوند
دور
دور
آنجا که پدر میان برف با پالتوی بلند و
گالش و گارمون ایستاده است
با صدای سال کهنه
باکو
عروسم را در پطروگراد
باکو
عروسم را در چرنوییل
باکو
باکو

## WIE STEHT ER IN DER WARTESCHLANGE DER TOTEN

Weiß die Erde nicht dass sich die Blumen wiederholen
Weiß die Erde nicht dass die Zuckermelonen wieder heranreifen werden
dass Knopf und Nadel verwirrt neben der Weste des jungen Mannes liegen
Weiß die Erde nicht dass es die Gläser aller Fenster lieben
zur Sonne gewandt rissig zu werden
die Dinge in mittäglichem Schlummer
gestreichelt werden möchten

Bei den Sonnenuntergängen
möchte der Mond
durch das zerbrochene Glas in die Küche treten
sich umschauen
das gespülte Geschirr betrachten
einen Song anhören
der nicht zu Ende geht

## چگونه در صف مردگان ایستاده است

زمین آیا نمی‌داند گل‌ها تکرار می‌شوند
زمین آیا نمی‌داند دستنبوها از راه می‌رسند
دگمه و سوزن کنار نیمتنه مرد جوان سردرگم‌اند
زمین آیا نمی‌داند شیشه‌ی همه‌ی پنجره‌ها
دوست دارند رو به آفتاب تَرَک بردارند
اشیا در خواب‌های بعد از ظهر نوازش شوند
غروب‌ها
ماه
از شیشه‌ی شکسته به درون آشپزخانه برود
دوری بزند
ظرف‌های شسته را تماشا کند
ترانه‌ای بشنود
که ناتمام مانده است

## LEICHT

leicht
sehr leicht
leichter als dieses Gedicht
als Dinge die in die Versteigerung gehen
als der Kauf eines Koffers
die Drehung des Schlüssels im Schloss
das Öffnen einer Tür
ja leicht
sehr leicht verliebst du dich
doch bald schon lässt du den Koffer hinter dir zurück

## آسان

آسان
خیلی آسان
آسان‌تر از این شعر
از اشیایی که به حراج می‌روند
از خرید یک چمدان
چرخاندن کلید
باز شدن در
آری آسان
خیلی آسان عاشق می‌شوی
اما به زودی چمدان را جا می‌گذاری

## STIEFEL

Du pustest den Staub, angesammelt vom Vergessen, weg
Kühe aus Ton
bronzene Hirsche
Auf all diesen Dingen liegt Staub
nutzlosen Laken
alten Lampen
zerlesenen Zeitschriften
einem Paar russischer Stiefel
Überbleibsel aus dem Zweiten Weltkrieg
Das Gegröle der Kosaken hinter sich
Vielleicht auch der Schnee von Sibirien und die Lezginka
Zu meinem Sohn sage ich
Ich habe meinen Vater mehrere Winter lang
diese Stiefel tragen sehen
Wie gut haben sie sich gehalten
Dann sage ich zu ihm
er solle künftig seinem Sohn sagen
er habe diese Stiefel
nie an den Füßen des Vaters gesehen
doch er habe den Vater manchmal mit den Stiefeln gesehen

## پوتین

غباری فراهم آمده از فراموشـی را فوت مـی‌کنی
گاوهای سفالی
گوزن‌های مفرغی
نشسته‌اند کنار این همه اشیا
رختخواب‌های بی‌مصرف
چراغ‌های قدیمی
مجله‌های فرسوده
جفتی پوتین روسی
یادگاری از جنگ دوم جهانی
توپ و تشر قزاقان را نیز از سر گذرانده است
شاید هم برف سیبری و رقص لزگی را
به پسرم مـی‌گویم
من این پوتین‌ها را چند زمستان
به پای پدرم دیده‌ام
چقدر سالم مانده‌اند
مـی‌گویم بعدها به پسرت بگو
این پوتین‌ها را
هرگز به پای پدر ندیده‌ای
اما پدر را
گاهی اوقات با پوتین‌ها دیده‌ای

## EWIGES WANDERN DES STUHLES

Es ist sehr einfach
Leute dabei zu beobachten wie sie allerlei Arten von Dingen kaufen
Socken Armreif Dreirad
Puppe Nähmaschine Fliegenklatsche
und eine Dame der Veilchen und Orangenblüten am besten gefallen

Nicht so einfach ist es
Dinge dabei zu beobachten wie sie vor deinen Augen
rausgeworfen werden
aus Fenstern Bussen Geschäften
aus Schiffen Baracken und Häusern

Vielleicht tauchen eines Tages
einige dieser wandernden Dinge
von den Rändern der Gassen und Ozeane
in den Freitagsmärkten und Trödelläden auf

Und plötzlich wirst du mit einem merkwürdigen Gegenstand
konfrontiert
zum Beispiel einem Klappstuhl aus Holz
Jahre später, mit sehr sehr einfachen Worten
stellst du den Stuhl in einem Gedicht auf das Papier
Das ewige Wandern des Stuhles beginnt

## سرگردانیِ ابدیِ صندلی

بسیار ساده است
تماشای مردمی که انواع اشیا را می‌خرند
جوراب   النگو   سه‌چرخه
عروسک   چرخ خیاطی   مگس‌کش
و خانمی که بنفشه و بهار نارنج را بیشتر می‌پسندد
اما ساده نیست
تماشای اشیایی که برابر چشمانت
به بیرون پرتاب می‌شوند
از پنجره‌ها   اتوبوس‌ها   مغازه‌ها
کشتی‌ها   کپرها   خانه‌ها
شاید روزی برخی از همین اشیای سرگردان
از حاشیه‌ی کوچه‌ها و اقیانوس‌ها
در جمعه بازارها و سمساری‌ها ظاهر شوند
تو ناگهان با شیئی غریب رو به رو می‌شوی
مثلاً یک صندلی چوبی تاشو
سال‌ها بعد با واژه‌هایی بسیار بسیار ساده
صندلی را در شعری بر صفحه‌ی کاغذ می‌نشانی
سرگردانیِ ابدیِ صندلی آغاز می‌شود

## PERSEPOLIS

Zusammen mit den Vögeln
die vom ältesten Baum in der Gegend kommen
erklimmst du die restaurierten Stufen
unter einem Dach das es nicht gibt
mitten im Imperium der Felsen und Reliefs
sodass du weiterhin in Erinnerung an den ältesten Baum in der Gegend
in Kummer bleibst
und nicht weißt was du mit deinem steingewordenen Kummer machen
sollst
und dich fürchtest vor jedem Feuerstein
Nicht dass dein kleines Stückchen Himmel ebenso in Brand gesteckt
wird

## تخت جمشید

همراه پرنده‌هایی که
از کنار کهن‌ترین درخت این حوالی آمده‌اند
از پله‌های مرمت شده بالا می‌روی
زیر سقفی که نیست
میان امپراتوری سنگ‌ها و نقش‌ها
تا همچنان به یاد کهن‌ترین درخت این حوالی
غصه‌دار بمانی
و ندانی با اندوه سنگ شده چه باید کرد
و بترسی از هر چه سنگ چخماق
که نکند همین مختصر آسمانت را هم به آتش بکشد

{ شارلوته وارزن · ایرج ضیایی

{ میانجی زبانی
} علیرضا شلویری

{ CHARLOTTE WARSEN · IRAJ ZIAEI

{ Sprachmittler
  Alireza Shalviri

*im Herbst habe ich eine Umnachtung*

in den Bergen erfahren

an den Händen allerlei ethische Fragen denk ich was Krähen angeht und
ihre Heraldik stört könnte dir so

gefallen    lagen wortlos am Trip und darüber    was bisher
nicht gesagt worden war hingen glühende Gürtel in Bäumen ihr

triptrap

zeugte von Kokosmilch Traurigkeit hieß ich will töten    aber ich traue mich nicht

so ist es zb um Astern geschehen zurzeit ganz unmöglich zu sagen was
ihre Gestalt sei noch größeren Geschenken nachempfunden stecken sie ihre Köpfe aus dem Wasser und hüpfen wie Frösche
sie geben einen traurigen Laut von sich wobei sie die Kehle nicht aufblasen oder was sonst noch
zum Tod führt    schicke    ich dir    festlichere
Kleider habe ich nicht gefunden

(könnte dir passen    in Wiesengräben
an flachen Teichen,
stagnierenden Wassern lagen wortlos

am Trip und als alles vorbei war hingen glühende
Schlangen in den Bäumen

über uns?

(der Kopf ist glatt, Ohren ohne
Trommelfell unter der Haut verborgen)

پاییز   در غروب کوهستان   پریشانحالی را تجربه کردم
پرسش های اخلاقی   دست و پایم را بسته اند
نشان های خانوادگی   پرچمی است که صدای کلاغ ها را مرگ می خواند
شکستن تصویر کلیشه ای کلاغ ها می تواند خوشایند تو باشد

ما بی هیچ کلامی   میان حبابی   در فضایی از خلسه و سکون بودیم
بالای این سکون و خلسه و ناگفته ها
درختانی است که از شاخه های آنها کمربندهای گداخته آویزان است
جرینگ جرینگ کمربندها در باد   حکایت از حُزنی داشت چون شیر نارگیل که اندوهگینم می کند

می خواهم بکُشم    اما نمی توانم

حالا مثلن گل های مینا های دیگر به چشم او نمی آیند   حتی شکل و شمایل تمامیِ گل ها
او گل های مینا را هدیه گرانقدری نمی داند

اگر نمی توانی گل های مینا را به چشم هدیه ببینی   پس قادر نخواهی بود قورباغه های جهنده را ببینی
میناها سرشان را از آب بیرون می آورند و عین قورباغه ها می جهند
قورباغه ها حنجره هاشان را باد نمی کنند و آوازشان صدای مرگ می دهد

او در هر آن چه هست نشان مرگ را می بیند

دلم می خواست به خاطر تو لباس های فاخرتری می پوشیدم
اما بهتر از این نیافتم
و لباس هایی برازنده تو   در گورها و گودالها   کنار آبگیرهای راکت و کم عمق و بی کلام
در خلسه و برابر چشم اندازی که مارهای گداخته به درختان آویزانند
بالای سرِ ما؟

سرِ ماران صاف است و گوش ها بدون پرده    پنهان زیر پوست

in seinem blauen Himmel

ich hause breitbeinig in einem
schwarzen Stachel wie der Herzog von Alba

parallel zur Küste ohne dieser
ansichtig zu werden

über Stickel das Gesicht verteilt

als Kind schon vom Halse herab
goldene Schocks gegossen bekommen haben Strähnchen durch ein
Blech geflochten die Arme die Segel die Stürme

an Kordeln weiterhangeln

an Wangen mangelts ja, an
Gnade ganz

الهام گرفته از تابلوهای تیسیان

من پاگشاده خانه می کنم
در یک نیش سیاه مانند دوکِ آلبا
در آسمان آبی اش

در بچه گی میان زره پوشی از طلا قاب گرفته شد
با تار و پود و حلقه های فرورفته در پوست تنش
رشته های مو   بازوها   بادبان ها   زره   طوفان ها

مانند آدم آهنی مسخ شده به موازات ساحل راه می رود بی آن که ببیندش
چهره   استخوانی   پوست   کشیده   گونه ها   فرورفته   عاری از لطف
شره ی مفرغ   نرمی پاها را می پوشاند   سینه   طبل توخالی
جام های ظریف   دسته گلی   از شاخه های گرسنگی
خلجان   خویشتن دار   و بزدلی که هرگز قدمی برنمی دارد
کالبد آهنی اش را ترک نمی کند

این بزدل هر آن چه به ما می تواند بدهد   از گریبان تن پوش آهنی اش بیرون می آورد

ولی با این حال می درخشد

an Waden Bronze runterschmelzen lassen an die Brust

sich fassen: ausgelassenes Budget

Affekten, Training und ein Schisser der nie weiterwollte als bis hier

gibt uns aus Kragen, Kindheit, Kränkung passend raus

aus Hungerzweigen

"viele filigrane Kelche", ein Bouquet

ohne Zögern

und fand mich glänzend

zu einigen Tizian-Gemälden

es wurde Frühling und ich ging
auf der Via Porta Rossa
in Fäulnis über ohne Zögern
die Zunge vorgespult
der Schädel eingedrückt
die Augen reichlich abgedreht
kleine, mit Fett gefüllte Steinlampen
die Arme Dochte
aus Wacholderzweigen

بهار شد و من
در ویا پورتا روزا
گندیگی ام آغاز شد بی درنگ

زبان   با دُور تند ایستاده
جمجمه   شکافته
چشم ها   فرو افتاده

چراغ های سنگی کوچک انباشته از پیه
بازوها   فتیله ای
از شاخه های سوزنی سرو کوهی

Die Teilnahme an einem Workshop, bei dem sich zwei Dichtende in Anwesenheit eines Sprachmittlers einander gegenübersitzen, hat mir gezeigt, wie wichtig das Übersetzen ist. Drei Tage und insgesamt circa zwanzig Stunden Arbeit mit einer Lyrikerin, deren Sprache und Bilder in den Gedichten unheimlich kompliziert waren und deren Poesie voller historischer Referenzen und verschiedenster Themen war; aus dem Herzen der Gedichte erhoben sich reine Bilder, eine unbekannte Welt. Manchmal dauerte es lange, bis sich für mich ein Bild öffnete und ich musste mich Wort für Wort an ihr Gedicht herantasten. In einem der Gedichte kommen Bäume vor, an deren Zweigen und Ästen glühende Gürtel hängen, die im Wind nachklingen. Charlotte suchte für dieses Geräusch nach einer Lautmalerei. Ich erinnerte mich an das Kinderspiel „Amoo Zandschir Baaf" (Onkel, der Kettenbauer!) und schlug ihr „Dschring Dschring" vor, was sie gerne wiederholte und Spaß damit hatte. Dagegen schien mir Charlottes Arbeit an meinen Texten etwas leichter zu sein. In weniger als fünf Stunden hatten wir gemeinsam fünf Gedichte übersetzt. Nur einmal fiel uns kein Wort ein: das Äquivalent für das persische Wort „Dastanboo", der Name einer in Khorasan und Nordiran vorkommenden Frucht (lat. Cucumis melo var. Dudaim). Charlotte surfte im Internet und zeigte uns das Bild einer kleinen gestreiften Melone, um die dazugehörige Bezeichnung als Äquivalent zu verwenden. So kamen nur Form und Größe in Betracht und nicht der Duft, der sich durch das Reiben der Oberfläche dieser Frucht entwickelt. Ich machte den Vorschlag, einfach das persische Wort „Dastanboo" auch in deutscher Übersetzung zu benutzen, doch wir konnten uns auf kein genaues, gängiges deutsches Wort als Äquivalent dafür einigen und entschieden uns schließlich für den Namen derjenigen Melonensorte, die Charlotte auch kannte.

**ایرج ضیایی**

تجربه‌ی ورکشاپ رودررو بین دو شاعر با حضور واسطه‌ی زبانی، نشان داد که ترجمه تا چه میزان می‌تواند موفق‌تر عمل کند.سه روز حدود بیست ساعت کار با شاعری با زبان و تصاویری به غایت پیچیده و شعری سرشار از ارجاعات تاریخی و موضوعات متنوع؛ از دل شعرها تصاویری ناب سریلند می‌کرد، جهانی ناآشنا. گاهی برای گشایش تصویری مدتی طول می کشید تا کلمه به کلمه، به شعرش نزدیک شوم. در شعری بلند، تصویری از درختانی داشت که از شاخه‌های آنها کمربندهای گداخته آویزان است و در باد، صدا می‌کنند. شارلوته برای این صدا و جنس کمربندهای گداخته، دنبال واژه‌ای صدادار می‌گشت. من به یاد "عمو زنجیرباف"، جرینگ جرینگ را به او پیشنهاد کردم که مدام تکرارش می‌کرد و لذت می‌برد.

کار شارلوته در ترجمه شعرهای من، به خاطر نوع شعرم، راحت بود:به اتفاق هم، در کمتر از پنج ساعت، پنج شعر مرا ترجمه کردیم. تنها در یک مورد دچار کمبود واژه شدیم: واژه‌ی "دستنبو" ی میوه رایج در خراسان و شمال ایران. شارلوته در اینترنت گشت و شکل خریزه کوچک و راه راهی را نشان داد که جایگزینش کند. پس فقط شکل و اندازه، مورد نظر قرار گرفت، نه بویی که از طریق لمس بیشتر نمود پیدا می‌کند. پیشنهاد دادم همان دستنبو را بگذارد،نپذیرفت. در نهایت نشد معادل‌سازی کنیم و نوع خریزه‌ای که او می‌شناخت را به کار برد.

Irajs Dichtung, die ganz den Dingen verpflichtet ist und ihnen die Geschichten ablauscht, die uns ihre Gebrauchsspuren über uns selbst erzählen.

Meine Texte, in denen man bisweilen schauen muss, wie man den Weg von einem Bild ins andere findet und welche Zeile als nächstes Tritt bieten wird.

Von einem dieser Stile zum anderen und wieder zurück sorgte Alireza als Dolmetscher mit maximalem Gespür und einer guten Mischung aus Abenteuerlust und Präzision dafür, dass wir nie auf freier Strecke halten mussten, uns der Übersetzungsübermut aber auch nicht völlig aus der Kurve kippte.

Ich habe von Iraj und Alireza viel gelernt in diesen Tagen: Über die Unerlässlichkeit mutwilliger Ungenauigkeiten, über persische Prosodie und nordiranische Melonensorten, über mein eigenes Schreiben und darüber, wie ich lese und gelesen werde. Während der Arbeit wurde oft schallend gelacht, aber auch regelmäßig die aktuelle Übertragungsrate genannt: Wir sind jetzt bei 65 Prozent! Spätestens dann musste wieder eine dieser großartigen kleinen iranischen Zigaretten geraucht werden.

Statement Alireza Shalviri zur Arbeit mit Iraj Ziaie und Charlotte Warsen:

### 15 Minuten Teheraner Luft

Die gemeinsame Arbeit mit diesen zwei verschiedenen Welten war für mich unter anderem aus einem besonderen Grund sehr interessant: Ich habe drei Tage in Berlin mit diesen Dichtern gearbeitet und mich dabei 15 Minuten wie in Teheran gefühlt! Warum? Man sagt, atmet man eine Minute Teheraner Luft, entspricht dies dem Konsum von neun Zigaretten!! Wir haben insgesamt 135 Verse übersetzt und nach jedem Vers eine Zigarette geraucht. 135 durch 9 ist 15. Also 15 Minuten Teheraner Luft!!

## شارلوته وارزن

شعر ایرج تماماً خود را معطوف به اشیاء می کند، و داستانهایی از زیر زبان شان می کشد تا رد و نشان کاربردشان را برای ما حکایت کنند.

گاهی باید در متنهای من باریک شد و دید چطور از تصویری به تصویری دیگر می جهند و راه می کشند و در گام بعدی کدام سطر ارائه می شود.

باری، علیرضا سخت نگران رفتن ما از این سبک، و برگشت دوباره به جای اول بود. او در مقام مترجم شفاهی، با بیشترین میزان حس و توانمندی، آمیزه ای خوب از هوس ماجراجوی و حضور ذهن و دقت فراهم کرده بود که هرگز مجبور نبودیم در مسیر آزادتر توقف کنیم و از طرفی مراقب بود مبادا شهامت مفرط در ترجمه نیز ما را از مسیر اصلی منحرف کند و توی چاله بیندازد.

من در این چند روز از ایرج و علیرضا چیزهای زیادی یادگرفتم: در باره ی ضرورت بی دقتی های عامدانه، در باره ی آهنگ و بافت کلام فارسی و انواع خیارها و دستنبوی شمال ایران. در باره ی نوع نوشتن خودم و اینکه چطوری کارهایم را می خوانم و خوانده می شوند. موقع کار، گاه می خندیدیم، ولی کار برگردان معمول به قاعده پیش می رفت: اکنون به ٦٥ درصد راه رسیدیم! بعد درنهایت مجبور می شدیم یکی از آن سیگارهای کوچولوی باحال ایرانی (بهمن کوچک) را دود کنیم.

لطیفه ی کوتاه علیرضا، خطاب به شارلوته وارزن و ایرج ضیایی، هنگام کار: پانزده دقیقه هوای تهران

کار کردن با این دو شاعر، با دو دنیای دور از هم، فارغ از هر چیز دیگری، به یک دلیل بخصوص برایم بسیار جالب بود: سه روز با آنها در برلین کار کردم و حین کار، حس کردم پانزده دقیقه توی تهران هستم! چرا؟ چون می گویند یک دقیقه نفس کشیدن در هوای تهران برابر است با دود کردن نه نخ سیگار!! ما رویهمرفته ۱۳۵ سطر ترجمه کردیم و بعد از هر سطر یک سیگار کشیدیم. ۱۳۵ تقسیم بر ۹ می شود ۱۵: یعنی پانزده دقیقه سرکردن هوای تهران!

زندگینامه ها }

{ BIOGRAFIEN

**Alireza Abbasi**, 1974 in Hamadan geboren, ist Lyriker und Literaturkritiker. Er studierte Mathamik und begann seine literarische Tätigkeit mit dem Veröffentlichen von Kritiken, Artikeln, Feuilletons, Kommentaren und eigenen Gedichten in Zeitungen und Zeitschriften. Er hält Vorträge und bietet Kurse zur Lyriktheorie an; viele seiner Forschungsarbeiten auf dem Gebiet der Poesie sind bislang nicht publiziert. In seinen Gedichten, für die er mehrfach ausgezeichnet wurde, beschäftigt sich Abbasi besonders mit sozialen Themen. Vor allem unter jungen Lesern ist seine Dichtung beliebt; sie wurde bisher unter anderem ins Arabische, Kurdische sowie Griechische übersetzt. Seit einigen Jahren engagiert sich Abbasi im Umfeld von Gewerkschaften und sozialen Bewegungen für die landesweite Förderung von Poesie und Literatur. Er ist derzeit Mitglied des Board of Directors des iranischen Schriftstellerverbands. Bislang hat er vier Gedichtbände veröffentlicht, zuletzt *Große Schlagzeilen sind schwärzer* (Morvarid Verlag 2014) und *Ankunft und Abgang der Fackeln* (Hekmat e Kalame Verlag 2017), sowie die Anthologie *Republik der Fenster* (Lyrik der Alborzprovinz, Sokhangostar Verlag 2015).

**Daniela Danz**, geboren 1976 in Eisenach. Autorin und Kunsthistorikerin. Studium der Germanistik und Kunstgeschichte in Tübingen, Prag, Berlin, Leipzig und Halle, architekturgeschichtliche Promotion, Leiterin des Schillerhauses in Rudolstadt, Lehrauftrag an der Uni Hildesheim. Lebt in Kranichfeld (Thüringen).
Zuletzt erschienen: *Lange Fluchten* (Roman, Wallstein Verlag 2016), *V* (Gedichte, Wallstein Verlag 2014) sowie *Pontus* (Gedichte, Wallstein Verlag 2009). Für ihre Arbeiten erhielt sie unter anderem 2014 den Rainer-Malkowski-Preis (mit Mirko Bonné), 2016 das Stipendium der Deutschen Akademie Rom Casa Baldi und 2017 das London-Stipendium des Deutschen Literaturfonds e.V.
Website: www.chiragon.de

**Ali Abdollahi**, geboren 1968 in Birjand (Süd-Khorasan), lebt derzeit als Lyriker, Übersetzer und freier Schriftsteller in Karaj. Er hat bislang über 90 Werke aus den Bereichen Poesie, Prosa und Philosophie aus dem Deutschen ins Persiche übersetzt, die damit erstmalig einer iranischen Leserschaft zugänglich gemacht worden sind, darunter Nietzsche, Heidegger, Rilke, Brecht, Kafka und Enzensberger. Abdollahi veröffentlichte bislang sieben Gedichtbände, er schreibt in persischer und auch deutscher Sprache. Romantische, philosophische und soziale Themen, oft mit versteckter Ironie oder in Form von Grotesken, finden sich in seinen Gedichten, die unter anderem ins Englische, Arabische, Niederländische, Russische und Griechische übersetzt worden sind. Seit 2003 Kurator für persische Poesie bei lyrikline.org. Lesungen und Vorträge unter anderem in Deutschland, Indien, Litauen und Bulgarien. Abdollahi ist Mitglied des iranischen Schriftstellerverbands und war zeitweise auch Mitglied im Board of Directors. Für seine Arbeit erhielt er mehrere Auszeichnungen, etwa vom Goethe-Institut, dem Literarischen Colloquium Berlin, dem Übersetzerhaus Looren (Schweiz) sowie der Alfred Toepfer Stiftung. Zuletzt veröffentlichte er die Gedichtbände *Geometrie der Kastanienbäume* (Shaani Verlag 2015), *Meere hinter der Wand* (Morvarid Verlag 2017) sowie *Der rote Schattenspender* (Cheshme Verlag 2017). Auf deutsch erschienen seine Gedichte unter anderem in Akzente (Heft 1/2007 und Heft 4/2014).

**علیرضا عباسی**، متولد ۱۳۵۳ در همدان. شاعر و منتقد ادبی. دانش آموخته ی رشته ی ریاضی محض. فعالیت حرفه ای اش را در زمینه ی شعر و نقد، با نوشتن نقد و یادداشت و چاپ شعر در روزنامه ها و مجلات آغاز کرد. عباسی در طول فعالیت ادبی خود تاکنون علاوه بر سخنرانی در جلسات و برگزاری کلاس های تئوری شعر، مقالات و یادداشت هایی نوشته که بسیاری از آنها هنوز منتشر نشده اند. او در کارهایش، که بارها تحسین شده اند، به طور ویژه به درونمایه های اجتماعی می پردازد وشماری از اشعارش، که در میان خوانندگان جوان طرفدارانی دارد، به زبانهای عربی، کردی و یونانی ترجمه شده اند.عباسی در سال های اخیر، در حوزه ی فعالیت های اجتماعی و صنفی در رابطه با شعر و ادبیات فعال بوده و درحال حاضر یکی از اعضای هئیت دبیران کانون نویسندگان ایران است.تاکنون چهار مجموعه شعر و یک جنگ از وی منتشر شده. تیترهای سیاه درشت ترند(دفتر شعر، مروارید ۱۳۹۲) آمد و رفت مشعل ها( مجموعه شعر، حکمت کلمه ۱۳۹۵) و جمهوری پنجره ها(گزینه شعر شاعران کرج، سخن گستر، ۱۳۹۳) از آثار منتشر شده ی اخیرش هستند.

**دانیلا دانتس**، متولد ۱۹۷۶ در آیزناخ. نویسنده، شاعر و مورخ تاریخ هنر. دانش آموخته ی ادبیات آلمانی و تاریخ هنر در توبینگن، پراگ، برلین، لایپزیگ و هاله، با پایان نامه ی دکتری در زمینه ی تاریخ معماری. رییس خانه ی شیللر در رودولشتات و مدرس دانشگاه هیلدسهایم. دانیلا در کرانیشفلد تورینگن زندگی می کند. گریزهای طولانی( رمان، ۲۰۱۶)."ف"، (مجموعه شعر، ۲۰۱۴) و پونتوس، (مجموعه شعر، ۲۰۰۹) از وی به تازگی منتشر شده. وی به خاطر آثارش، جوایز و نشانهایی نیز دریافت کرده است،از جمله، جایزه ی راینر مالکوفسکی (۲۰۱۴ ، مشترکاً با میرکو بونه)، بورسیه ی فرهنگستان آلمان در رم، کازا بالدی( ۲۰۱۶) و بورسیه ی لندن از بنیاد ادبیات آلمانی (۲۰۱۷).

**علی عبداللهی**، متولد ۱۳۴۷ در بیرجند(خراسان جنوبی)؛ شاعر، مترجم و نویسنده ی آزاد ساکن کرج. وی مترجم حدود نود اثر در زمینه ی شعر، ادبیات داستانی و فلسفه از آلمانی به فارسی است، آثاری که اغلب برای نخستین بار در دسترس مخاطبان ایرانی قرارگرفته اند و بارها بازنشر شده اند،از جمله آثاری از نیچه، هایدگر، ریلکه، برشت، کافکا، اریش فرید، انتسنزیرگر و دیگر نویسندگان آلمانی زبان. هفت کتاب شعر چاپ شده به فارسی دارد و اشعار و جستارهایی نیز به آلمانی. مضامین فلسفی-اجتماعی وغنایی در اشعارش، به زبانی دقیق، شفاف و به دور از بازیهای نحوی بیان می شوند، و در تمهیداتی از قبیل طنز پنهان و گروتسک، و روایت تجسم می یابند. آثارش جز به آلمانی، به انگلیسی، عربی، هلندی، روسی، یونانی، لیتوانیایی، بوسنیایی و چند زبان دیگر ترجمه شده اند، و این شاعر، در آلمان،هند، بلغارستان، لیتوانی و چند کشور دیگر، شعرخوانی و سخنرانی داشته است. از ۲۰۰۳ مسوول زبان فارسی سایت شعر لوریک لاین، مستقر در خانه ی شعر برلین است که تاکنون دهها شاعر معاصر فارسی زبان را به آلمانی و سایر زبانها معرفی کرده است. این شاعر عضو کانون نویسندگان ایران، به خاطر آثارش، برنده ی چند بورس و فرصت پژوهشی شده، که مهمترین شان بورسیه ی موسسه گوته در مونیخ، کالج مترجمان برلین، خانه ی مترجمان لورن در زوریخ، بنیاد توپفر در گوتزینگن و ویلا وادلبرتا در مونیخ است. تازگی سه مجموعه شعر هندسه ی بلوط(شانی۱۳۹۴)؛ دریاها پشت دیوار(مروارید ۱۳۹۵) و سایه بان سرخ(چشمه، اواخر اسفند ۱۳۹۵) از وی به فارسی درآمده. آثاری از وی نیز در مجله ی ادبی اکسنته(فوریه ۲۰۰۷ و اوت ۲۰۱۴) به آلمانی و در دفترهای سارایه وو (۲۰۱۵)به بوسنیایی ترجمه و منتشر شده است.

**Jan Volker Röhnert**, geboren 1976 in Gera, aufgewachsen in Oberndorf (Thüringen). Studierte 1996–2002 in Jena, mit längeren Auslandsaufenthalten am Mittelmeer (1998 Genua, 1999/2000 Hyères), hat unter anderem Gedichte von Michel Deguy aus dem Französischen, von John Ashbery, Robert Creeley, Craig Arnold und Chris Edgar aus dem Amerikanischen und von Georgi Gospodinov aus dem Bulgarischen übersetzt. 2008–2010 DAAD-Lektor in Sofia/Bulgarien, seit 2011 unterrichtet er an der TU Braunschweig. Herausgeber unter anderem der Gedichte des Expressionisten Wilhelm Klemm und einer Anthologie mit Lyrik zu Kino und Film, als Lyriker unter anderem mit dem Lyrikdebütpreis des LCB 2003 und zuletzt mit dem Medienpreis der RAI Südtirol auf dem Lyrikpreis Meran 2014 ausgezeichnet. Letzte Gedichtbände *Metropolen* (Hanser 2007), *Notes from Sofia* (Edition Azur 2011), *Wolkenformeln* (Faust 2014).

**Sara Mohammadi Ardehali**, 1976 in Teheran geboren, ist Lyrikerin, Künstlerin, Kuratorin und Soziologin. Ihre Gedichte weisen eine direkte Sprache auf und zeugen von einer besonderen Fantasie, immer wieder thematisiert sie darin die Stellung der Frau in der gegenwärtigen iranischen Gesellschaft. Nach dem Abschluss eines Soziologie-Studiums Mitarbeit unter anderem an einer Studie zu jungen Menschen in Teheran sowie der Übersetzung von Edgar Morins *La méthode. Vol. 5 : L'Humanité de l'humanité T. 1 : L'Identité humaine* ins Persische. Neben der Mitarbeit an der Kunst- und Literaturseite Aineh beschäftigt sich Ardehali darüber hinaus mit Buchbinderei, Musik und Fotografie. Sie lebt in Teheran. Zuletzt von ihr erschienen sind: *Für die Gesteine* (Cheshmeh Verlag 2011), *Der Fremde lacht* (Morwarid Verlag 2013) sowie *Eine Rose klopfte an die Tür* (Cheshmeh Verlag 2015). Im August 2016 hat sie gemeinsam mit anderen Poesie und Malerei in der Edwin W. Zoller Gallery, Pennsylvania, ausgestellt.

**Silke Scheuermann** wurde 1973 in Karlsruhe geboren und lebt heute bei Frankfurt am Main. Für ihre Gedichte, Erzählungen und Romane hat sie zahlreiche Stipendien und Preise erhalten, unter anderem das Stipendium der Villa Massimo in Rom (2009) sowie den Hölty-Preis für Lyrik der Landeshauptstadt und der Sparkasse Hannover (2014). Im Wintersemester 2012/13 hatte sie die Poetikdozentur in Wiesbaden inne. Zuletzt wurde sie mit dem Bertolt-Brecht-Preis 2016 und dem Robert-Gernhardt-Preis 2016 ausgezeichnet.

**Maryam Fathi**, geboren 1980 in Teheran, ist Lyrikerin, Schriftstellerin und Filmkritikerin. Sie hat Filmwissenschaft an der Universität Teheran studiert. Mit einer leichten, unverkennbaren Sprache schreibt sie aus existenzialistischer Perspektive über die Sorgen der Menschen im Allgemeinen und der Frauen im Besonderen. Zuletzt sind von ihr erschienen: die Gedichtbände *Ich denke an den Bohrer* (Negah-Verlag 2014, nominiert für den Lyrikpreis Shamloo) und *Dieses Haus ist noch nicht fertig* (Morwarid Verlag, im Druck) sowie eine Sammlung von Kurzgeschichten unter dem Titel *Ein verträumter hochhackiger Schuh* (Ghoghnoos Verlag 2015).

زندگینامه ها

**یان فولکر روهنرت**، متولد ۱۹۷۶ در "گه را" است و بزرگ شده ی اوبرندورف تورینگن در هولتسلند. از ۱۹۹۶ تا ۲۰۰۲ در ینا تحصیل می کرد، با دوره های اقامت طولانی در کشورهای دریای مدیترانه ( از جمله در ۱۹۹۸ در جنوا،۱۹۹۹/۲۰۰۰ در هیرز). شعرهایی از میشل دگوی از زبان فرانسه؛ جان اشبری، رویرت کریلی، کرایگ آرنولد از انگلیسی؛ و گئورگی گوزپودینوف از بلغاری به آلمانی ترجمه کرده است. وی از ۲۰۰۸ تا ۲۰۱۰ مسوول موسسه "داآد" در صوفیه/ بلغارستان بوده و از سال ۲۰۱۱ در "تی او" در برونشوایگ تدریس می کند. یان، پژوهشگرست و گردآورنده ی اشعار ویلهلم کلم و جنگی دربردارنده ی اشعاری با موضوعیت سینما و فیلم، و در مقام شاعر، جایزه ی شعر ال.س.ب.(کالج ادبی برلین)، (۲۰۰۳) و سرانجام جایزه ی رسانه ای "رای" از تیرول جنوبی در کنار جایزه ی شعر مران (۲۰۱۴) را از آن خود کرده است.یان شاعری دشوارنویس و طبیعتگراست و سخت علاقه مند به آثار ادبی کهن ایران و فیلمسازان معاصر ایرانی. متروپولها،(کلانشهرها)،( هانزر ۲۰۰۷)؛ نتهای صوفیه(آزور۲۰۱۱) و اشکال ابرها(فائوست۲۰۱۴) از آخرین آثار منتشر شده ی اوست.

**سارا محمدی اردهالی**، متولد ۱۳۵۵ در تهران، کارشناس ارشد جامعه‌شناسی، شاعر و هنرمند. شعرهای او با زبان سرراست و تخیل خاص خود، از موقعیت انسان و زن امروز در جامعه ی ایران می گوید. او افزون بر شاعری به هنرهای تجسمی هم اشتغال دارد. وی بعد از پایان تحصیلات جامعه شناسی، در پروژه ی پژوهشی جوانان تهران و نیز در ترجمه ی روش ادگار مورین، مجلد پنجم بخش یکم، هویت انسانی به زبان فارسی همکاری داشته است. اردهالی در کنار همکاری با سایت فرهنگی ادبی آینه، به کتاب آرایی، موسیقی و عکاسی نیز پرداخته است.ساکن تهران است. برای سنگها (چشمه ۱۳۹۰)؛ بیگانه می‌خندند(مروارید ۱۳۹۲ ) و گل سرخی در زد(چشمه ۱۳۹۴) از آخرین آثار منتشر شده اش در زمینه ی شعر است. اردهالی نمایشگاه شعر و نقاشی مشترک در گالری ادوین و. زولر، پنسیلوانیا(۲۰۱۶) برگزار کرده است.

**زیلکه شویرمان**،متولد ۱۹۷۳ در کارلزروهه است و اکنون در فرانکفورت بر کناره ی ماین، زندگی می کند. زیلکه به خاطر شعرها، داستانها و رمانهایش، بورسها و جوایز زیادی کسب کرده است، از جمله بورسیه ی ویلا ماسیمو در رم (۲۰۰۹)، جایزه ی شعر هولتی از مرکز ایالت و اشپارکاسه ی هانووفر، (۲۰۱۴). شویرمان در نیمسال زمستانی ۲۰۱۲ و ۲۰۱۳ استاد فن شعر در دانشگاه ویسبادن بود. او همین اواخر، در ۲۰۱۶ ، جوایز برتولت برشت و رویرت گرنهارت را از آن خود کرده است.

**مریم فتحی**، متولد ۱۳۵۹ در تهران؛ شاعر، نویسنده و منتقد فیلم.فتحی دانش آموخته ی سینما در دانشگاه تهران است.او در شعرهایش با زبان سهل و ممتنع، از دغدغه های هستی شناختی انسان به ویژه رنج زنان هم نسل خود می گوید. مجموعه  به مته فکر می کنم،(نگاه ۱۳۹۳ ، نامزد جایزه ی شعر شاملو) و این خانه تمام نشده است،(مروارید) از آثار اخیر مریم فتحی است و مجموعه ی یک لنگه کفش پاشنه بلندِ خیالاتی،(ققنوس) و یک رمان و مجموعه داستان زیر چاپ دارد.کتابهایش بارها نامزد جوایز شعری شده اند.

**Max Czollek**, geboren 1987 in Berlin, lebt ebenda. Initiator und Kurator des internationalen Lyrikprojektes Babelsprech und Mitherausgeber der Anthologie *Lyrik von Jetzt 3* (Wallstein Verlag 2015). Seit 2013 Tätigkeit für das Maxim Gorki Theater, zuletzt "Desintegration. Ein Kongress zeitgenössischer jüdischer Positionen" im Mai 2016. Als Monografien erschienen *Druckkammern* (2012) und *Jubeljahre* (2015) im Verlagshaus Berlin. Letzte Veröffentlichung *A.H.A.S.V.E.R* in der Edition Binaer (Verlagshaus Berlin 2016).

**Mazaher Shahamat**, geboren 1966 im Dorf Razi südöstlich der Stadt Meshghinshahr in Aserbaidschan, ist Lyriker, Autor von Kurzgeschichten, Romanen, Literaturkritiken sowie Publizist. Shahamat schreibt auf Persisch und Aseri, seine Gedichte wurden ins Türkische, Englische, Deutsche, Schwedische und Arabische übersetzt. Neben seinen gedruckten Arbeiten ist er sehr aktiv im Internet und in elektronischen Medien. Shahamat ist Mitglied des iranischen Schriftstellerverbands und lebt derzeit in Ardebil (Aserbaidschan). Zuletzt sind von ihm erschienen: der Gedichtband *Aus der ...ten Ecke des Kreises* (Mina Verlag 1998) und der Roman *Die blauen Kommata der Erde*. Im Druck befinden sich momentan der Gedichtband *Republik des Fegefeuers* (Shaani Verlag 2017) sowie der Roman *Tornado in der Geometrie (2008, konnte bislang nicht erscheinen)*.

**Michael Donhauser**, geboren 1956 in Vaduz, Studium der Germanistik und Romanistik in Wien. Seit 1986 Veröffentlichung von Prosagedichten sowie Erzählungen und einem Roman. Nach 1996 zudem essayistische Arbeiten, unter anderem zur Poetik in Werken der Literatur und Kunst, gelegentlich Übersetzungen aus dem Französischen (Arthur Rimbaud, Francis Ponge). Lebt in Wien. Ausgewählte Publikationen: *Schönste Lieder* (Engeler 2007), *Nahe der Neige* (Engeler 2009). Zuletzt erschienen: *Variationen in Prosa* (Matthes & Seitz Berlin 2013).

**Iraj Ziaie**, geboren 1949 in Rasht am Kaspischen Meer, wuchs in Talesh und Isfahan auf. Sein erstes Gedicht veröffentlichte er im Alter von 16 Jahren. Als Schüler von Mohammad Hoghooghi bekam er Zugang zu einer der wichtigen Literaturgruppen außerhalb Teherans, Djong e Esfahan, deren Mitglied er 1969 wurde. Seine Gedichte erschienen im Magazin dieser Gruppe sowie in anderen Literaturzeitschriften, 1994 veröffentlichte er seinen ersten Gedichtband mit dem Titel *Die plötzliche Bewegung der Objekte,* der ihn bei Kritikern zum „Dichter der Objekte" machte. Seit 1999 lebt Ziaie in Teheran. Zuletzt erschienen sind von ihm: die Bände *Es gibt immer einen freien Platz neben dir* (Ahang e Digar Verlag 2007), *Dieser Vogel stammt aus der Seldschuken-Ära* (Cheshmeh Verlag 2011) sowie *Gesammelte Gedichte* (H&S Media Ltd London 2015).

**ماکس چولک**، شاعر و درام پرداز، متولد ۱۹۸۷ در برلین و اکنون ساکن همانجاست.موسس و برگزارکننده ی پروژه ی بین المللی شعری"بابلشپرش"(بابل-خوانی) و همچنین همکار در گردآوری جنگ معروف "شعر امروز ۳"،(والشتاین ۲۰۱۵). از سال ۲۰۱۳ در تئاتر ماکسیم گورکی فعالیت دارد، و این اواخر در "استقرارزدایی. کنگره ی وضعیت کلیمیان معاصر"(می ۲۰۱۶) فعالیت داشته است.تک نگاری های اتاقهای چاپ( ۲۰۱۲) و سالهای هلهله (۲۰۱۵) در خانه ی نشر برلین از وی منتشر شده.آخرین اثر چاپ شده اش"آ.ها.آ.اس.فا.ا.ار." است در مجموعه ی بینائر(نشرخانه برلین، ۲۰۱۶).

**مظاهرشهامت**، متولد ۱۳۴۵ در شهر مشکین شهر از توابع آذربایجان ایران. شاعر، و نویسنده داستان کوتاه، رمان، نقد ادبی و مقالات اجتماعی – فرهنگی است.شهامت به فارسی و ترکی آذری می نویسد، و برخی از اشعارش به زبان های ترکی، انگلیسی، آلمانی، سوئدی و عربی ترجمه شده اند.مظاهر در کنار کارهای چاپ شده، در اینترنت و رسانه های مجازی نیز فعالیت چشمگیری دارد. او عضو کانون نویسندگان ایران است و در حال حاضر در اردبیل (آذربایجان ایران) زندگی می کند. از او در سالهای اخیر کتاب شعر از کنج چندم دایره و رمان ویرگول های آبی زمین چاپ شده است و دو کتاب تازه انتشار به نام جمهوری برزخ (شعر) و گردباد در هندسه کلمات (رمان) دارد.

**میشائیل دونهاورز**، متولد ۱۹۵۶ در وادوتس، دانش آموخته ی زبان و ادبیات آلمانی در وین. از ۱۹۸۶ چند مجموعه شعر منثور و همچنین چند داستان و یک رمان منتشر کرده است.دونهاورز از ۱۹۹۶ جستار می نویسد و منتشر می کند، به ویژه مقالاتی در باب بوطیقای آثار ادبی و هنرـوی مترجم هم هست و گاهی آثاری از زبان فرانسوی به آلمانی برمی گرداند، (از جمله از آرتور رمبو و فرانس پونژه). میشائیل در وین می زید. زیباترین نغمه ها، (انگلر ۲۰۰۷) و نزدیکی پایان،(همان ۲۰۰۹) از منتخب آثارش است؛ واریاسیونهای منثور، ماتیاس& زایتس (برلین ۲۰۱۳) نیز از آثار اخیر اوست.

**ایرج ضیایی**، متولد ۱۳۲۸ در رشت، بر کرانه ی دریای خزر. کودکی اش را در تالش گذراند و بعد با خانواده به اصفهان آمد. در ۱۳۴۵، در ۱۶ سالگی، اولین شعرش چاپ شد. یکی از شاگردان محمد حقوقی بود که از طریق وی با جنگ اصفهان آشنا شد و در ۱۳۴۸ به عضویت آن درآمد. شعرهایش در سالهای دبیرستان در نشریه ی همان گروه و سپس در سایر نشریات ادبی به چاپ رسید. در ۱۳۷۳ نخستین کتابش حرکت ناگهانی اشیا منتشر شد و بعد از آن منتقدان ادبی، ضیایی را شاعر اشیا لقب دادند. وی از ۱۳۷۸ در تهران زندگی می کند.کتابهای شعر همیشه کنارت یک صندلی خالی هست،(۱۳۸۶)؛ این پرنده از دوران سلجوقیان آمده است، (۱۳۹۰) و مجموعه اشعار، در نشر اچ اند اس مدیا، لندن، (۱۳۹۳) از آثار اخیر ایرج ضیایی به شمار می روند.

**Charlotte Warsen** wurde 1984 in Recklinghausen geboren und wuchs in Haltern am See auf. Sie hat Malerei, Kunsterziehung und Philosophie an der Kunstakademie Düsseldorf, der Universität zu Köln und der Universität Ostfinnland in Joensuu studiert. Seit 2012 Promotion in der Philosophie, seit 2015 wissenschaftliche Mitarbeit im Forschungsprojekt *Kulturtechnik Malen* an der Düsseldorfer Kunstakademie. 2014 ist ihr erster Gedichtband *vom speerwurf zu pferde* bei Luxbooks erschienen.

**شارلوته وارزن،** شاعر، نقاش و پژوهشگر، متولد ۱۹۸۴ در رکلینگهاوزن است و در کنار دریاچه ی هالترن بزرگ شده.او دانش آموخته ی نقاشی، ادبیات آمریکایی و فلسفه در آکادمی هنرهای دووسلدورف، کلن و دانشگاه شرق فنلاند در یونسوو است.وارزن از ۲۰۱۲ دانشنامه دکتری خود را نوشته و از ۲۰۱۵ همکار علمی در پروژه ی پژوهشی فرهنگ و فن نگارگری در آکادمی هنرهای دووسلدورف است. نخستین کتابش "از نیزه پرانی تا اسبها" در سال ۲۰۱۴ در لوکسبوکز منتشر شد.

## AURÉLIE MAURIN

Geboren 1975 in Paris, hat sie Literaturwissenschaft und Linguistik in Paris studiert.
Sie lebt seit 2000 als freie Veranstalterin und Kuratorin für verschiedene Institutionen
und Autoreninitiativen in Berlin. Seit 2016 stellvertretende Vorsitzende im Netzwerk
freie Literaturszene Berlin (NFLB) e.V. und Mitglied bei коок. Sie ist Lyrikübersetzerin
und Mitherausgeberin der Buchreihe VERSschmuggel (Verlag Das Wunderhorn) und
der deutsch-französischen Kunst- und Literaturzeitschrift La mer gelée.

**اورلی مورن**، متولد ۱۹۷۵ در پاریس و دانش آموخته ی ادبیات و زبانشناسی در همان شهر است.مورن از سال
۲۰۰۰ در برلین می زید و برگزارکننده ی آزاد نشستهای ادبی هنری، نشست-گردان و مجری برای بنیادها و
مولفان مختلف در همانجاست. او از ۲۰۱۶قائم مقام "شبکه ی صحنه ی آزاد ادبیات برلین،(ان.اف.ال.ب.)" است
و نیز از اعضای انجمن کوک. مورن خود مترجم شعر هم هست و افزون بر آن، همکار تدوینگر مجموعه ی
قاچاق شعر(نشر ووندرهورن) که تاکنون هفده جلد آن منتشر شده و آخرین مجموعه اش حاضر کتاب حاضر است. وی
از اعضای هیئت تحریریه ی مجله ی فرانسوی شعر و هنر به نام "لا مر گلی"ست.

## THOMAS WOHLFAHRT

Studium der Germanistik und Musikwissenschaft in Halle (Saale), bis 1988 wissen-
schaftlicher Mitarbeiter an der Akademie der Wissenschaften in Ostberlin, danach
Berlin-West. Literaturwissenschaftler, Promotion zu Georg Büchner. 1991 Gründungs-
direktor der literaturWERKstatt berlin, seit 2016 Haus für Poesie, Leiter von Anbeginn.
Initiator und Leiter des Literaturexpress Europa 2000, des poesiefestival berlin seit
2000, des ZEBRA Poetry Film Festival seit 2002 und von www.lyrikline.org. 2005
Grimme-Online-Preis. Mitgründer des World Poetry Movement, Kolumbien 2011.
Initiator der Berliner Rede zur Poesie 2016.

**توماس ولفارت**، دانش آموخته در رشته ی زبان و ادبیات آلمانی(گرمانیستیک) و موسیقی در هاله/ساکسن.
تا ۱۹۸۸ همکار علمی آکادمی علوم در برلین شرقی بود و بعداً در برلین غربی همین سمت را برعهده داشت.
ولفارت پژوهشگر ادبیات است با پایان نامه ی دکتری در باره ی گئورگ بوشنر.از ۱۹۹۱ بنیانگذار و رئیس
کارگاه ادبیات برلین بود که اخیراً از ۲۰۱۶ "خانه ی شعر" برلین نام گرفته و وی از آغاز تاکنون مدیر آن است.
بنیانگذارو سرپرست "لیتراتوراکسپرس اروپا" از سال ۲۰۰۰ و جشنواره ی بین المللی شعر برلین در همان سال،
و جشنواره ی فیلمهای کوتاه در باره شعر به نام "زبرا" از ۲۰۰۲ و سایت شعری بین المللی لوریکلاین دات اورگ،
دربردارنده ی شعرهای شاعرانی از دهها کشور و زبان از جمله از ایران و به زبان فارسی.ولفارت از ۲۰۰۵
جایزه ی آنلاین گریم را نیز بنیان گذاشت.او از اعضای بیانگذار" جنبش جهانی شعر" در کلمبیا (۲۰۱۱) است
و نیز بنیانگذار خطابه ی برلین در باب شعر.

Dieses Buch kam zustande mit freundlicher Unterstützung durch das Goethe Institut und das Auswärtige Amt.

Lektorat: Peter Dietze und Ali Abdollahi
Korrektorat: Lukas Dubro

Übersetzung des Vorworts: Farhad Ahmadkhan
Übersetzung des Grußworts: Ali Abdollahi

Gestaltung: Cornelia Feyll und Friedrich Forssman, Kassel
Herstellung: Cyan, Heidelberg
Druck: NINO Druck GmbH, Neustadt/Weinstraße
ISBN 978-3-88423-564-5 (Deutschland) ISBN 978-600-461-012-4 (Persien)

Leichte Abweichungen zwischen Gehörtem und Geschriebenem liegen in den Nachbereitungen der Übersetzungen begründet.

قاچاق شعر
اشعاری از دوازده شاعر امروز آلمانی و ایرانی
(با متن اصلی و ترجمه فارسی و آلمانی، همراه فایل صوتی
با صدای شاعران)
گردآورندگان آلمانی:
اورلی مورن، توماس ولفارت
گردآورنده ، مشاور و مترجم فارسی:
علی عبداللهی
چاپ نشر وندرهورن، هامبورگ، آلمان
با همکاری نشر کتاب کوله پشتی، ایران
تهران، میدان انقلاب، خیابان کارگر جنوبی، کوچه مهدیزاده، پلاک 7، واحد 102
بهار 1396
شابک:
978-600-461-012-4
کلیه حقوق برای ناشر محفوظ است.